省部级示范性高等职业院校重点专业建设规划教材

# 水闸设计与施工


主　编　田明武　李咏梅

副主编　尹清杰　张　松

主　审　于建华





黄河水利出版社

·郑州·

## 内 容 提 要

本书是省部级示范性高等职业院校重点专业建设规划教材，是为适应现代高职教育培养应用型、技能型人才的需求，结合示范建设对专业改革发展的要求，按照教育部颁布的水闸设计与施工课程标准编写完成的。本书以实际水闸工程资料作为项目基础，按照水闸工程勘察、设计、施工的一般程序，介绍水闸的初步设计方法、设计步骤。本书共分 11 个项目，包括准备工作、工程布置、水力计算及防渗排水设计、闸室稳定分析、闸室结构分析、细部构造设计、施工水流控制、施工进度计划编制、施工总布置、基础开挖及地基处理、主体结构施工。

本书为高职高专水利水电建筑工程、水利工程、水利工程监理、水利工程施工等专业的通用教材，也可作为其他专业的教材或教学参考书，同时可供水利技术人员学习参考。

**图书在版编目(CIP)数据**

水闸设计与施工/田明武，李咏梅主编. —郑州：黄河水利出版社，2014.8

省部级示范性高等职业院校重点专业建设规划教材

ISBN 978-7-5509-0905-2

Ⅰ.①水… Ⅱ.①田…②李… Ⅲ.①水闸-水利工程 Ⅳ.①TV66

中国版本图书馆 CIP 数据核字(2014)第 204879 号

组稿编辑：王路平　电话：0371-66022212　E-mail：hhslwlp@163.com

出 版 社：黄河水利出版社

地址：河南省郑州市顺河路黄委会综合楼 14 层　邮政编码：450003

发行单位：黄河水利出版社

发行部电话：0371-66026940、66020550、66028024、66022620(传真)

E-mail：hhslcbs@126.com

承印单位：河南承创印务有限公司

开本：787 mm×1 092 mm　1/16

印张：9.5

字数：220 千字　印数：1—3 000

版次：2014 年 8 月第 1 版　印次：2014 年 8 月第 1 次印刷

定价：22.00 元

# 前　言

本书是根据国家"十二五"教育发展规划纲要及《中共中央 国务院关于加快水利改革发展的决定》(2011 年中央 1 号文件)、《国家中长期教育改革和发展规划纲要》(2010～2020 年)、《教育部关于全面提高高等职业教育教学质量的若干意见》(教高〔2006〕16 号)、《教育部关于推进高等职业教育改革创新引领职业教育科学发展的若干意见》(教职成〔2011〕12 号)等文件精神，按照现代水利职业教育要求，在总结水利类高等职业教育多年教学改革经验的基础上，在全国水利水电高职教研会指导下，结合示范建设对专业改革发展的要求编写的教材。

本套教材以学生能力培养为主线，融"教、学、练、做"为一体，"项目导向、任务驱动"，适合开展项目化教学，体现实用性、实践性和创新性的特色，是一套紧密联系生产实际的高职高专教育精品规划教材。

本书以职业能力培养为主，通过分析水闸设计与施工的工作过程，结合岗位要求和职业标准组织编写完成。在编写过程中，突出实践性教学环节，尽可能地插入部分典型工程图片，使其能更好地培养学生识读图能力及学习兴趣，体现了教育教学一体化改革培养高素质、技能型人才的要求。本书以任务为核心，围绕任务展开介绍了水闸设计和施工组织设计内容、方法、步骤，使学生边做边学，达到做中学、学中做的目的。

本书由四川水利职业技术学院、中国水利水电第三工程局有限公司联合编写，编写人员及编写分工如下：田明武编写项目 1、2、8，李咏梅编写项目 3、6、7，尹清杰编写项目 4、5，张松编写项目 9～11。中国水利水电第三工程局有限公司李红伟对本书编写工作进行了指导。本书由田明武、李咏梅担任主编，田明武负责全书统稿；由尹清杰、张松担任副主编；由于建华担任主审。

本书在编写过程中，学习和借鉴了很多参考书，在此，对相关文献的作者表示衷心的感谢！水工专业教学团队的刘建明院长，水利工程系张智涌、高剑飞等领导及同仁给予了大力支持，并提出了宝贵意见，相关兄弟院校也为本书的编写提供了大力支持，在此一并表示感谢！

由于编者水平及编写时间有限，书中难免存在不足之处，恳请读者批评指正，多提宝贵意见。

**编　者**

2014 年 5 月

# 目 录

# 项目1 准备工作

水闸设计必须从实际出发，做到技术先进、经济合理、安全可靠、运用方便，设计过程中应认真搜集和整理各项基本资料。选用的基本资料应准确可靠，满足设计要求。其主要包括以下内容：

(1)社会、经济、环境资料。枢纽建成后对环境生态的影响、库区的淹没范围及移民、房屋拆迁等；枢纽上、下游的工业、农业、交通运输等方面的社会经济情况；供电对象的分布及用电要求；灌区分布及用水要求；通航、过木、过鱼等方面的要求；施工过程中的交通运输、劳动力、施工机械、动力等方面的供应情况。

(2)勘测资料。水库和坝区地形图、水库范围内河道纵断面图，拟建建筑物地段的横断面图等；河道的水位、流量、洪水、泥沙等水文资料；库区及坝区的气温、降雨、蒸发、风向、风速等气象资料；岩层分布、地质构造、岩石及土壤性质、地震、天然建筑材料等的工程地质资料；地基透水层与不透水层的分布情况、地下水情况、地基的渗透等水文地质资料。

(3)设计依据。我国规定，大中型水利工程建设项目必须纳入国家经济计划，遵守先勘测，再设计，后施工的必要程序。工程设计需要有以下资料或设计依据：①工程建设单位的设计委托书及工程勘察设计合同，说明工程设计的范围、标准和要求；②经国家或行业主管部门批准的设计任务书；③规划部门、国土部门划准的建设用地红线图；④地质部门提供的地质勘察资料，对工程建设地区的地质构造、岩土介质的物理力学特性等加以描述与说明；⑤其他自然条件资料，如工程所在地的水文、气象条件和地理条件等；⑥工程建设单位提供的有关使用要求和生产工艺等资料；⑦国家或行业的有关设计规范和标准。

根据国民经济发展计划要求，参照流域或区域水利规划可建设的水利工程项目及其开工程序，按照建设项目的隶属关系，由主管部门提出某一水利工程的基本建设项目建议书，经审查批准后，委托设计单位进行预可行性研究、可行性研究，编制可行性研究报告；按照批准的可行性研究报告，编制设计任务书，确定建设项目和建设方案(包括建设依据、规模、布置、主要技术经济要求)。设计任务书的内容一般包括：建设的目的和依据，建设规模，水文、气象和工程地质条件，水资源开发利用的规划、水资源配置和环境保护，工程总体布置，水库淹没、建设用地及移民，建设周期，投资总额，劳动安全，经济效益等。任务书是设计依据的基本文件，可按建设项目的隶属关系，由主管部门或省、自治区、直辖市审查批准；大型水利工程或重要的技术复杂的水利工程，则由国家计划部门或国务院批准。有些国家不编制设计任务书，而在投资前、可行性研究后，有一个项目评价和决策阶段，对拟建工程提出评价报告，作出决策，以此作为设计依据。

(4)设计标准。为使工程的安全可靠性与其造价的经济合理性有机地统一起来，水利枢纽及其组成建筑物要分等分级，依据《水闸设计规范》(SL 265—2001)确定，即按工程的规模、效益及其在国民经济中的重要性，将水利枢纽分等，而后将枢纽中的建筑物按其作用和重要性进行分级。设计水工建筑物均需根据规范规定，按建筑物的重要性、级别、结构类型、运用条件等采用一定的洪水标准，洪水标准依据《水利水电工程等级划分及洪水标准》(SL 252—2000)确定，保证遇设计标准以内的洪水时建筑物的安全。水工建筑物的运用条件一般分为正常和非常两种，正常运用情况采用设计洪水标准，非常运用情况采用校核洪水标准。

## 任务1 水闸项目基本资料及任务

### 1 水闸项目基本资料

R闸建在R镇以北的R渠上，闸址地理位置见图1-1。该闸的主要作用为防洪、灌溉。

#### 1.1 防洪

当R河水位较高时，关闸挡水，以防止R河水入侵R渠下游两岸农田，保护下游的农田和村镇。

#### 1.2 灌溉

灌溉期引R河水北调，以灌溉R渠两岸的农田。

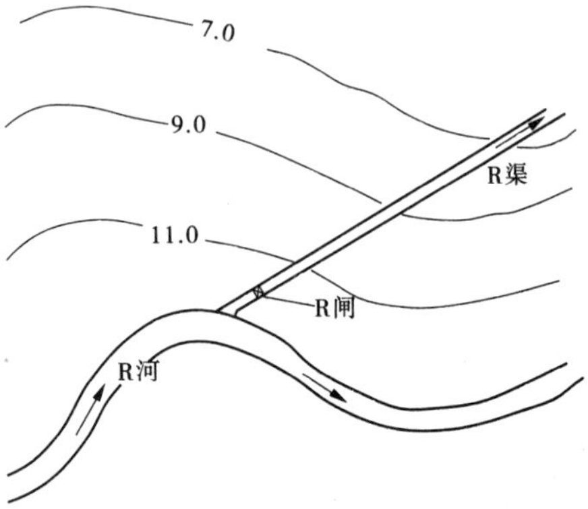


图1-1 闸址位置示意图 （单位:m）

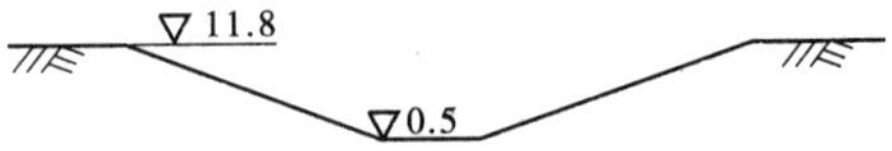


图1-2 R渠剖面示意图 （单位:m）

#### 1.3 规划数据

R渠为人工渠道，其剖面尺寸如图1-2所示。渠底高程为0.5 m，底宽50.0 m，两岸边坡均为1:2。该闸的主要设计组合有以下几个方面。

##### 1.3.1 孔口设计水位、流量

根据规划要求，在灌溉期由R闸自流引兴化河水灌溉，引水流量为300 $m^3/s$，此时闸上游水位为7.83 m，闸下游水位为7.78 m；在冬季枯水季节由R闸自流引水送至下游，引水流量为100.0 $m^3/s$，此时相应的闸上游水位为7.44 m，下游水位为7.38 m。

##### 1.3.2 闸室稳定计算水位组合

设计情况：上游水位10.3 m，浪高0.8 m，下游水位7.0 m。

校核情况：上游水位10.7 m，浪高0.5 m，下游水位7.0 m。

##### 1.3.3 消能防冲设计水位组合

消能防冲的不利水位组合：引水流量为300.0 $m^3/s$，相应的上游水位为10.7 m，下游水位为7.78 m。

下游水位流量关系见表1-1。

表1-1　下游水位流量关系

| $Q(m^3/s)$ | 0.0 | 50.0 | 100.0 | 150.0 | 200.0 | 250.0 | 300.0 |
|---|---|---|---|---|---|---|---|
| $H_{下}(m)$ | 7.0 | 7.20 | 7.38 | 7.54 | 7.66 | 7.74 | 7.78 |

## 1.4　地质资料

### 1.4.1　闸基土质分布情况

根据钻探报告,闸基土质分布情况见表1-2。

表1-2　闸基土层分布

| 层序 | 高程(m) | 土质情况 | 标准贯入击数(击) |
|---|---|---|---|
| Ⅰ | 11.75～2.40 | 重粉质壤土 | 9～13 |
| Ⅱ | 2.40～0.7 | 散粉质壤土 | 8 |
| Ⅲ | 0.7～-16.7 | 坚硬粉质黏土<br>(局部含铁锰结核) | 15～21 |

### 1.4.2　闸基土工试验资料

根据土工试验资料,闸基持力层为坚硬粉质黏土,其内摩擦角 $\varphi=19°$,凝聚力 $C=60.0$ kPa,天然孔隙比 $e=0.69$,天然容重 $\gamma=20.3$ kN/m$^3$,比重 $G=2.74$,变形模量 $E_0=4.0\times10^4$ kPa;建闸所用回填土为砂壤土,其内摩擦角 $\varphi=26°$,凝聚力 $C=0$,天然容重 $\gamma=18$ kN/m$^3$;混凝土的弹性模量 $E_h=2.3\times10^7$ kPa。

## 1.5　水闸的设计标准

根据《水闸设计规范》(SL 265—2001),R闸按3级建筑物设计。

## 1.6　其他有关资料

(1)闸上交通:根据当地交通部门建议,闸上交通桥为单车道公路桥,按汽-10设计,履带-50校核。桥面净宽为4.5 m,总宽5.5 m,采用板梁式结构,每米桥约重80 kN。

(2)该地区"三材"供应充足。闸门采用平面钢闸门,尺寸自定,由厂设计加工制造。

(3)该地区地震烈度设计为6度,故可不考虑地震影响。

(4)该地区风速资料不全,在进行浪压力设计时,建议取 $L_1=10h_1$ 计算。

# 2　水闸项目任务

R闸为无坝引水进水闸,该枢纽主要由引水渠、防沙设施和进水闸组成,设计主要任务是确定R闸的形式、尺寸及工程布置方案,并进行水力计算、防渗排水设计、闸室布置与稳定分析、闸室结构设计等。具体设计项目如下。

## 2.1　水闸工程布置

(1)闸址选择及水闸等级确定。

(2)闸室布置:包括底板、闸墩、胸墙、工作桥与交通桥的布置。

(3)上游铺盖、下游消能防冲及两岸连接建筑物的布置。

2.2 **水力计算及防渗排水设计**

(1)闸孔设计:包括闸室及闸孔形式选择、闸底板形式及高程确定、闸孔尺寸设计。

(2)消能防冲设计:包括消能防冲形式的选择、消力池的设计、海漫的设计、防冲槽设计。

(3)防渗排水设计:包括地下轮廓线布置、闸基渗流计算及防渗排水设施设计。

2.3 **闸室稳定分析**

(1)荷载计算及荷载组合。

(2)闸室稳定计算:包括稳定分析及安全指标确定、闸基基底应力计算、抗滑稳定验算、闸室沉降校核及地基处理。

2.4 **闸室结构分析**

(1)闸墩结构计算。

(2)底板结构计算。

(3)其他结构计算。

2.5 **细部构造设计**

(1)分缝及止水。

(2)材料及构造。

## 任务2 水闸识图

### 1 识图的目的和要求

识图的目的是了解工程设计的意图,以便按照设计的要求组织施工、验收及管理。

通过识图必须达到下列基本要求:

(1)了解水利枢纽所在地的地形、地理方位和河流的情况以及组成枢纽的各建筑物的名称、作用和相对位置。

(2)了解各建筑物的结构、形状、尺寸、材料及施工的要求和方法。

提高识读水工图的能力,对于学习专业课乃至从事工程技术工作都有重要意义。为了培养和提高识读水工图的能力,还必须掌握一定的专业知识并在工程实践中继续巩固和逐渐提高。

### 2 识图的方法和步骤

识读水工图的方法一般是由枢纽布置图到建筑物结构图,由主要结构到次要结构,由大轮廓到小构件。对于建筑物结构图应采用"总体—局部—细部—总体"的循环过程。具体步骤如下:

(1)概括了解。阅读标题栏及有关说明,了解建筑物的名称、作用、制图比例、尺寸单位及施工要求等内容。

(2)分析视图。从视图表达方法入手,分析采用了哪些视图,如剖视图、断面图和详图等,了解剖视图、断面图的剖切位置及投射方向,确定详图表达的部位和各视图的大概作用。

(3)分析形体。就是将建筑物分解为几个主要部分来逐一识读。分解时应考虑建筑物的结构特点,有时可沿水流方向分段,有时可沿高度分层,有时还可按地理位置或结构分为上游、下游,左岸、右岸,以及外部和内部等,识图时须灵活运用。

(4)综合想象整体。在形体分析的基础上,对照各组成部分的相互位置关系,综合想象出建筑物的整体形状,如图1-3所示。

图1-3 水闸

# 项目2 工程布置

## 任务1 闸址选择及水闸等级确定

### 1 闸址的选择

闸址的选择应根据水闸的功能、特点和运用要求，综合考虑地形、地质、水流、潮汐、泥沙、冻土、冰情、施工、管理、周围环境等因素，经技术经济比较后选定。这不仅关系到工程建设的成败，还关系到经济效益的发挥，是水闸设计中一项重要内容。

#### 1.1 地质因素

宜选择在地形开阔、岸坡稳定、岩土坚实和地下水位较低的地点。特别应考虑选择地质条件良好的天然地基，最好是选择新鲜完整的岩石地基，或承载能力大、抗剪强度高、压缩性低、透水性小、抗渗稳定性好的土质地基。尽量避免采用人工处理地基。在土质地基中，以地质年代较久的黏土、重壤土地基为最好；中壤土、轻壤土、砂壤土、粉质壤土、粉质砂壤土或中砂、粗砂地基属中等，设计时应采取可靠措施；而淤泥、淤泥质黏土或粉砂、细砂地基最差，要尽可能避开。

#### 1.2 水文水流因素

拦河闸宜建在河床稳定、水流顺直的河段上，闸的上下游应有一定长度的平直段。进水闸应选在稳定的弯曲河段的凹岸顶点或稍偏下游，引水方向与河道主流方向闸的夹角最好在30°以内。分洪闸一般设在弯曲河道段的凹岸或顺直河段的深槽一侧。冲砂闸大多布置在拦河闸与进水闸之间，紧靠拦河闸河槽最深的部位，有时也建在引水渠内的进水闸旁。

#### 1.3 施工管理方面

应考虑材料来源较近，施工导流易解决，对外交通、场地布置、基坑排水、施工水电供应方便及水闸建成后工程管理维修方便、防汛抢险易进行的地点。

#### 1.4 其他方面

应考虑如果在平原河网地区交叉河口附近建闸，闸址宜选在距离交叉河口较远处；如果在三叉支流汇合口下游河道上建闸，闸址与汇合口之间宜有一定的距离；如果在铁路桥或Ⅰ、Ⅱ级公路桥附近建闸，闸址不宜选在与铁路桥或Ⅰ、Ⅱ级公路桥距离太近处，以保证水闸的正常运行和航运安全。

另外，选择闸址还要考虑占用土地及拆迁房屋少，尽量利用周围已有公路、航运、动力、通信等公用设施，有利于绿化、美化环境和生态环境保护，有利于开展综合经营等。

## 2 水闸等级的确定

（1）平原区水闸枢纽工程应根据水闸最大过闸流量及其防护对象的重要性划分等别，其等别应按表2-1确定。规模巨大或在国民经济中占有特殊重要地位的水闸枢纽工程，其等别应经论证后报主管部门批准确定。

表2-1 平原区水闸枢纽工程分等指标

| 工程等别 | Ⅰ | Ⅱ | Ⅲ | Ⅳ | Ⅴ |
|---|---|---|---|---|---|
| 规模 | 大(1)型 | 大(2)型 | 中型 | 小(1)型 | 小(2)型 |
| 最大过闸流量($m^3/s$) | ≥5 000 | 5 000～1 000 | 1 000～100 | 100～20 | <20 |
| 防护对象的重要性 | 特别重要 | 重要 | 中等 | 一般 | — |

注：当按表列最大过闸流量及防护对象的重要性分别确定的工程等别不同时，应经综合分析确定。

水闸枢纽中的水工建筑物应根据其所属枢纽工程等别、作用和重要性划分级别，其级别应按表2-2确定。

表2-2 水闸枢纽建筑物级别划分

| 工程等别 | 永久性建筑物级别 | | 临时性建筑物级别 |
|---|---|---|---|
| | 主要建筑物 | 次要建筑物 | |
| Ⅰ | 1 | 3 | 4 |
| Ⅱ | 2 | 3 | 4 |
| Ⅲ | 3 | 4 | 5 |
| Ⅳ | 4 | 5 | 5 |
| Ⅴ | 5 | 5 | — |

注：1. 永久性建筑物是指枢纽工程运行期间使用的建筑物。
2. 主要建筑物是指失事后将造成下游灾害或严重影响工程效益的建筑物。
3. 次要建筑物是指失事后不致造成下游灾害或对工程效益影响不大并易于修复的建筑物。
4. 临时性建筑物是指枢纽工程施工期间使用的建筑物。

（2）山区、丘陵区水利水电枢纽中的水闸，其级别可根据所属枢纽工程的等别及水闸自身的重要性按表2-2确定。山区、丘陵区水利水电枢纽工程等别应根据其过闸流量，按表2-3确定。

表2-3 拦河水闸工程分等指标

| 工程等别 | Ⅰ | Ⅱ | Ⅲ | Ⅳ | Ⅴ |
|---|---|---|---|---|---|
| 工程规模 | 大(1)型 | 大(2)型 | 中型 | 小(1)型 | 小(2)型 |
| 过闸流量($m^3/s$) | ≥5 000 | 5 000～1 000 | 1 000～100 | 100～20 | <20 |

（3）灌排渠系上的水闸，其级别应根据过水流量的大小，按照表2-4确定。对在蓄水、

引水和提水枢纽中位置特别重要的,2～5 级的高水头或大落差水闸,其级别经论证后可提高一级。

表 2-4　灌排渠系上的水闸工程分级指标

| 工程级别 | 1 | 2 | 3 | 4 | 5 |
|---|---|---|---|---|---|
| 过闸流量($m^3/s$) | >300 | 300～100 | 100～20 | 20～5 | <5 |

(4)对失事后造成巨大损失或严重影响,或采用实践经验较少的新型结构的 2～5 级主要建筑物,经论证并报主管部门批准后可提高一级设计;对失事后造成损失不大或影响较小的 1～4 级主要建筑物,经论证并报主管部门批准后可降低一级设计。

根据基本资料,本项目 R 闸按 3 级建筑物设计。

## 3　洪水标准的确定

(1)平原区水闸的洪水标准应根据所在河流流域防洪规划规定的防洪任务,以近期防洪目标为主,并考虑远景发展要求,按表 2-5 所列标准综合分析确定。

表 2-5　平原区水闸洪水标准

| 水闸级别 | | 1 | 2 | 3 | 4 | 5 |
|---|---|---|---|---|---|---|
| 洪水重现期(年) | 设计 | 100～50 | 50～30 | 30～20 | 20～10 | 10 |
| | 校核 | 300～200 | 200～100 | 100～50 | 50～30 | 30～20 |

(2)挡潮闸的设计潮水标准应按表 2-6 确定,兼有排涝任务的挡潮闸,其设计排涝标准可按表 2-7 确定。

表 2-6　挡潮闸的设计潮水标准

| 挡潮闸级别 | 1 | 2 | 3 | 4 | 5 |
|---|---|---|---|---|---|
| 设计潮水位重现期(年) | ≥100 | 100～50 | 50～20 | 20～10 | 10 |

注:若确定的设计潮水位低于当地历史最高潮水位,应以当地历史最高潮水位作为校核潮水标准。

(3)山区、丘陵区水利水电枢纽中的水闸,其洪水标准应与所属枢纽中永久性建筑物的洪水标准一致。山区、丘陵区水利水电枢纽中永久性建筑物的洪水标准应按国家现行的《水利水电工程等级划分及洪水标准》(SL 252—2000)的规定确定。

(4)灌排渠系上的水闸,其洪水标准应按表 2-7 确定。

表 2-7　灌排渠系上的水闸设计洪水标准

| 灌排渠系上的水闸级别 | 1 | 2 | 3 | 4 | 5 |
|---|---|---|---|---|---|
| 设计洪水重现期(年) | 100～50 | 50～30 | 30～20 | 20～10 | 10 |

注:灌排渠系上的水闸校核洪水标准,可视具体情况和需要研究确定。

平原区水闸闸下消能防冲的洪水标准应与该水闸洪水标准一致,并应考虑泄放小于消能防冲设计洪水标准的流量时可能出现的不利情况。

山区、丘陵区水闸闸下消能防冲设计洪水标准可按表 2-8 确定,并应考虑泄放小于消能防冲设计洪水标准的流量时可能出现的不利情况。当泄放超过消能防冲设计洪水标准的流量时，允许消能防冲设施出现局部破坏，但必须不危及水闸闸室安全，且易于修复，不致长期影响工程运行。

表2-8 山区、丘陵区水闸闸下消能防冲设计洪水标准

| 水闸级别 | 1 | 2 | 3 | 4 | 5 |
|---|---|---|---|---|---|
| 闸下消能防冲设计洪水重现期(年) | 100 | 50 | 30 | 20 | 10 |

# 任务2 闸室段布置

闸室是水闸的主体，闸室布置包括底板、闸墩、边墩、胸墙、闸门、启闭机、工作桥、交通桥等结构的布置和尺寸的初步拟定。闸室通常为混凝土或钢筋混凝土结构，小型水闸有些部分可采用浆砌石。底板是整个闸室的基础，用以将闸室上部结构的重量及荷载传至地基，并兼有防渗和防冲的作用；闸墩用以分隔闸孔和支承闸门、胸墙、工作桥、交通桥；闸门用来挡水和控制过闸流量；工作桥和交道桥用来安装启闭设备、操作闸门和联系两岸交通。水闸闸室的主要构件见图2-1。

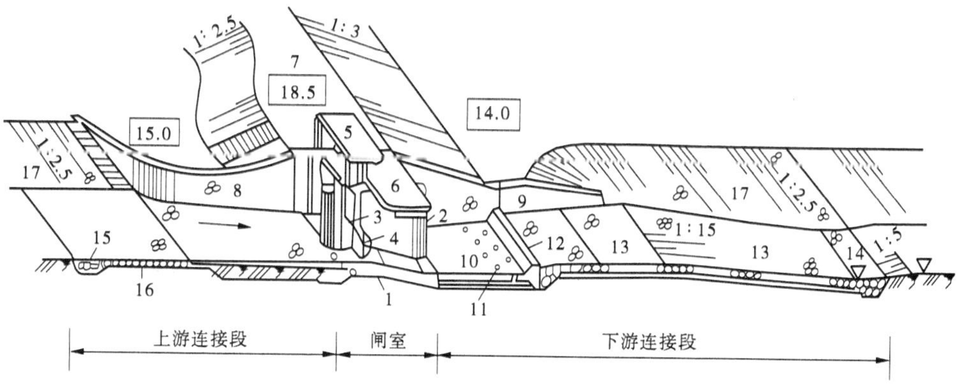


1—闸室底板；2—闸墩；3—胸墙；4—闸门；5—工作桥；6—交通桥；7—堤坝；
8—上游漫墙；9—下游漫墙；10—护坦；11—排水孔；12—消力坎；13—海漫；
14—下游防冲槽；15—上游防冲槽；16—上游护底；17—下游护坡

图2-1 闸室主要构件示意图

## 1 底板

### 1.1 底板形式

闸室底板形式通常有平底板、低堰底板、折线底板、箱式底板等（见图2-2），其形式可根据地基、泄流等条件进行选用。其中，平底板按底板与闸墩的连接方式分为整体式（见图2-3）和分离式（见图2-4）两种。

一般情况下，闸室底板宜采用平底板；在松软地基上且荷载较大时，也可采用箱式平

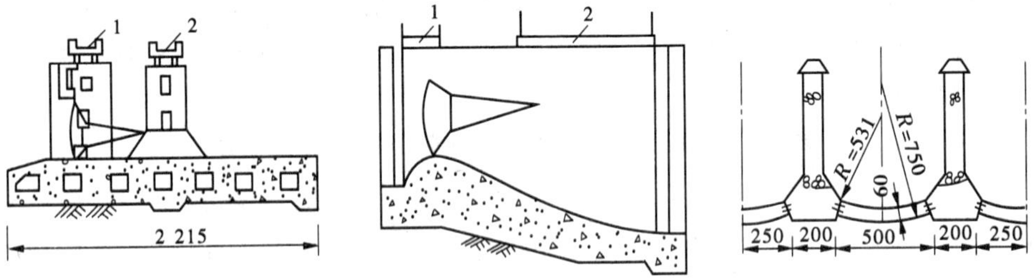


(a) (b) (c)

1—工作桥;2—交通桥

**图 2-2　常见底板形式**　(单位:cm)

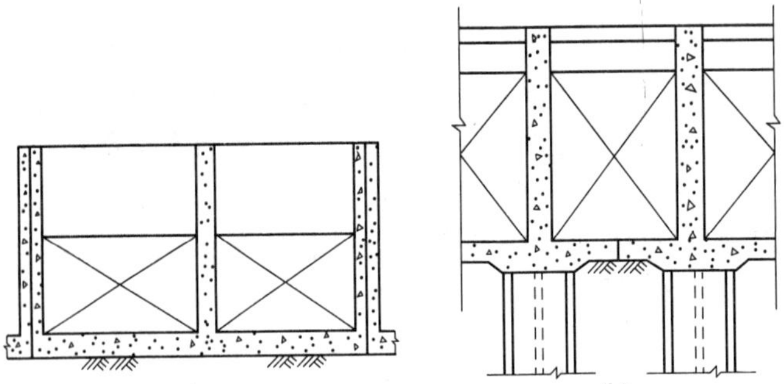

(a) (b)

**图 2-3　整体式平底板**

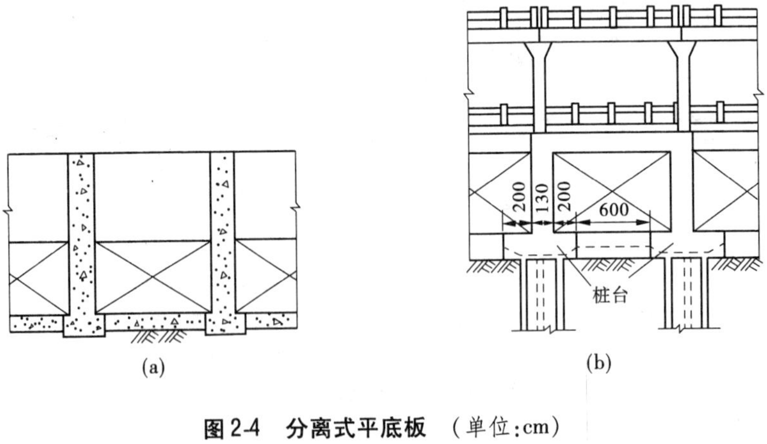


(a) (b)

**图 2-4　分离式平底板**　(单位:cm)

底板;当需要限制单宽流量而闸底建基高程不能抬高,或因地基表层松软需要降低闸底建基高程,或在多泥沙河流上有拦沙要求时,可采用低堰底板;在坚实或中等坚实地基上,当闸室高度不大,但上、下游河(渠)底高差较大时,可采用折线底板,其后部可作为消力池的一部分。

## 1.2　底板厚度

闸室底板厚度应根据闸室地基条件、作用荷载及闸孔净宽等因素,经计算并结合构造要求确定:大中型水闸平底板厚度可取为闸孔净宽的1/6~1/8,一般为1.0~2.0 m,最小厚度不宜小于0.7 m;小型水闸不宜小于0.3 m。

### 1.3 底板顺水流方向长度

闸室底板顺水流方向长度应根据闸室地基条件和结构布置要求,以满足闸室整体稳定和地基允许承载力为原则,进行综合分析确定。初拟时可参考已建工程的经验数据选定。

### 1.4 底板分段长度

为了满足地基不均匀沉降的要求,闸室结构垂直水流方向通常要进行分段,其长度即为顺水流方向永久缝的缝距。分段长度应根据闸室地基条件和结构构造特点,结合考虑采用的施工方法和措施确定。

对坚实地基上或采用桩基的水闸,可在闸室底板上或闸墩中间设缝分段;对软弱地基上或地震区的水闸,宜在闸墩中间设缝分段。岩基上的分段长度不宜超过20 m,土基上的分段长度不宜超过35 m。当分段长度超过规范规定的数值时,应另作技术论证。

本项目进水闸R闸,闸底板为钢筋混凝土平底板,缝设在底板中央,厚1.2 m,其顺水流方向长16 m。

## 2 闸墩

闸墩主要是用来分隔闸孔,支撑闸门及上部结构物,一般用混凝土建造,根据受力情况配筋。小型水闸闸墩的非门槽部分可用浆砌石建造,见图2-5。

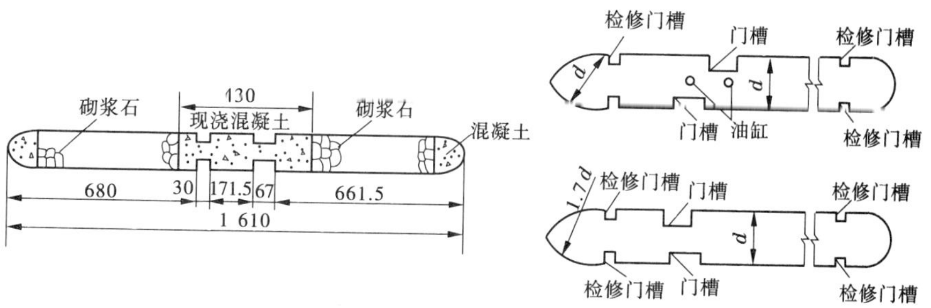


图2-5 闸墩布置示意图 (单位:cm)

### 2.1 闸墩的结构形式

闸墩的结构形式应根据闸室结构抗滑稳定性和闸墩纵向刚度要求确定。

### 2.2 闸墩的外形轮廓

闸墩的外形轮廓设计应满足过闸水流平顺、侧向收缩小、过流能力大的要求。

闸墩端部的形状常做成半圆形、流线形及三角形。流线形端部用于上游,有利于减小水流侧向收缩;用于下游,有利于水流扩散,但施工较复杂。因此,不少工程往往上游墩头采用半圆形,下游墩头采用流线形。三角形端部一般用于小型水闸。

### 2.3 闸墩长度

闸墩长度取决于上部结构布置和闸门的形式,一般与底板同长或稍短些。

闸墩上、下游面常为铅直面;如上部结构布置后有富余,两端可做成10:1~5:1的竖坡;如上部结构布置不下,顶部可做成向外挑出的牛腿。一般弧形闸门的闸墩长度比平面闸门的闸墩长。

2.4　**闸墩厚度**

闸墩厚度应满足稳定和强度的要求，根据闸孔孔径、受力条件、结构构造要求、闸门形式和施工方法等确定。

一般浆砌石闸墩厚 0.8 ~ 1.5 m，混凝土闸墩厚 1 ~ 1.6 m，少筋混凝土闸墩厚 0.9 ~ 1.4 m，钢筋混凝土闸墩厚 0.7 ~ 1.2 m。平面闸门闸墩在门槽处厚度不宜小于 0.4 m。

平面闸门的门槽应设在闸墩水流较平顺部位，其尺寸应根据闸门的尺寸确定，一般检修门槽深 0.15 ~ 0.25 m，宽为 0.15 ~ 0.30 m，主门槽深一般不小于 0.3 m，宽为 0.5 ~ 1.0 m。检修门槽与工作门槽之间应留 1.5 ~ 2.0 m 的净距，以便工作人员检修。弧形闸门的闸墩不需设主门槽，或仅设置很浅的门槽，以供布置止水滑道。

2.5　**闸墩高程**

闸墩高程通常指闸室胸墙或闸门挡水线上游闸墩和闸墙的顶部高程。

闸墩高程应根据挡水和泄水两种情况确定：

（1）挡水时，闸顶高程不低于水闸正常蓄水位（或最高挡水位）加波浪计算高度与相应安全超高值之和。

（2）泄水时，闸顶高程不应低于设计洪水位（或校核洪水位）与相应安全超高值之和。

各种情况下，水闸安全超高下限值见表 2-9。

**表 2-9　水闸安全超高下限值**　　（单位：m）

| 运用情况 | | 水闸级别 | | | |
|---|---|---|---|---|---|
| | | 1 | 2 | 3 | 4、5 |
| 挡水时 | 正常蓄水位 | 0.7 | 0.5 | 0.4 | 0.3 |
| | 最高挡水位 | 0.5 | 0.4 | 0.3 | 0.2 |
| 泄水时 | 设计洪水位 | 1.5 | 1.0 | 0.7 | 0.5 |
| | 校核洪水位 | 1.0 | 0.7 | 0.5 | 0.4 |

此外，确定闸顶高程时，还应考虑闸室沉降、闸前河渠淤积、潮水位壅高等影响。闸墩下游部分的闸顶高程可根据需要适当降低，但一般应保证下游的交通桥底部高出泄洪水位 0.50 ~ 1.0 m。

## 3　胸墙

当水闸挡水高度较大，闸孔尺寸超过泄流要求时，可设置胸墙挡水。

3.1　**胸墙结构形式**

闸室胸墙结构可根据闸孔孔径大小和泄水要求选用板式或板梁式。当孔径小于或等于 6.0 m 时可采用板式，见图 2-6(a)；当孔径大于 6.0 m 时，宜采用梁板式，见图 2-6(b)；当跨度较大且高度大于 5 m 的胸墙，可增设中横梁及竖梁形成肋形结构，见图 2-6(c)。

3.2　**胸墙尺寸**

胸墙顶宜与闸顶齐平，胸墙底高程应根据孔口泄流量要求计算确定。一般顶梁高度为闸孔跨度的 1/15 ~ 1/12，一般取 0.4 ~ 0.8 m；底梁因与闸门顶部紧靠，要求有较大的刚度，梁高为闸孔跨度的 1/9 ~ 1/8，一般取 0.6 ~ 1.2 m。胸墙厚度应根据受力条件和边界支承情况计算确定，一般不宜小于 20 cm。胸墙迎水面底缘应做成圆弧形，以使过闸水流平顺，胸墙下游面底部宜做成流线形。对于受风浪冲击力较大的水闸，胸墙上应留有足够的排气孔。

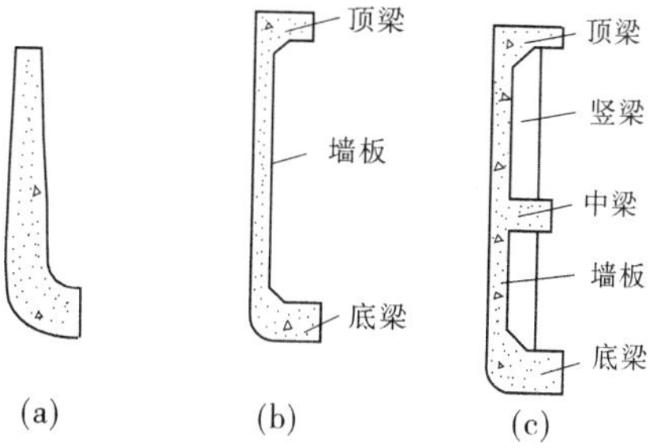


图 2-6 胸墙结构形式

胸墙的支撑方式分为简支式与固结式两种，见图 2-7。简支式胸墙与闸墩分开浇筑，缝间设止水，缝面涂以薄层沥青，可避免在闸墩附近迎水面出现裂缝，但截面尺寸较大。固结式胸墙与闸墩同期浇筑，胸墙钢筋伸入闸墩内，形成刚性连接，可以增强闸室的刚度和整体性，节省材料，但在胸墙支点附近迎水面易产生裂缝。

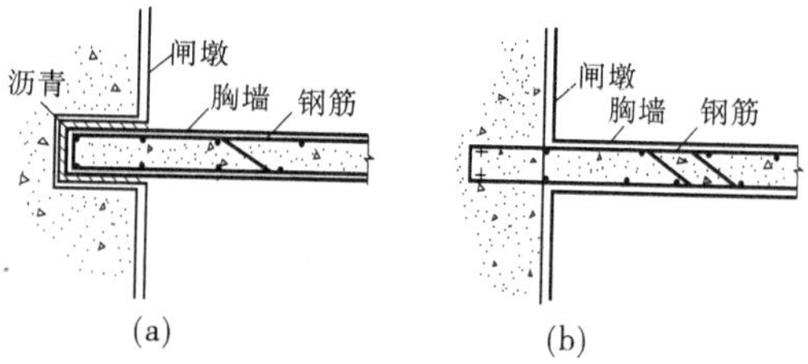


图 2-7 胸墙的支撑形式

### 3.3 胸墙的位置

采用平面闸门时，胸墙可设在闸门上游侧，也可设在闸门下游侧，主要取决于闸门的形式。若采用弧形闸门，胸墙设在闸门上游侧；若采用平面闸门，胸墙可设在闸门上游侧，也可设在闸门下游侧。一般情况下，大中型水闸的胸墙可设在闸门前，因门顶上无水重，可减小启闭力；小型水闸的胸墙设在闸门的下游侧，除便于止水外，还可利用门顶上水重增加闸室的稳定。

采用弧形闸门时，胸墙必须设在闸门上游，否则闸门无法启闭。

本项目 R 闸，在运行中，该闸的挡水位达 10.3 ~ 10.7 m，而泄水时上游水位为 7.44 ~ 7.83 m，上游最高水位比下游最高水位高出 2.87 m，故拟设置胸墙代替部分闸门挡水，以减小闸门高度及作用在闸门上的水压力，从而减小启闭力，同时降低了工作桥高，节省了造价。该胸墙底部高程为 8.1 m，闸顶高程为 11.8 m，闸门顶高程为 8.3 m。闸墩为钢筋混凝土结构，顺水流方向长和底板相等，中墩厚 1.1 m，边墩与岸墙结合布置，为重力式边墙，既挡水，又挡土，墙后填土高程为 11.8 m。闸墩上设有工作门槽和检修门槽。检修门槽距闸墩上游边缘 1.7 m，工作门槽距闸墩上游边缘 5.29 m，胸墙与检修门槽之间净距为 2.59 m。

# 4 工作桥、交通桥

## 4.1 工作桥

为了安装启闭设备和便于管理人员操作的需要，通常在闸墩上设置工作桥。桥的位置由启闭设备、闸门类型及其布置和启闭方式而定。如桥面很高也可在闸墩上部另建支柱或排架来支撑工作桥，以减小闸墩高度，节省材料。

工作桥的高程与闸门和启闭设备的形式、闸门高度有关，一般应使闸门开启后，门底高于上游最高水位，以免阻碍过闸水流。对于平面直升门，若采用固定启闭设备，桥的高度（横梁底部高程与底板高程的差值）为门高的 2 倍加上 1.0 ~ 1.5 m 的富余高度；若采用活动式启闭设备，则桥高可以低些，但也应大于 1.7 倍的闸门高度。对于弧形闸门及升卧式平面闸门，工作桥高度可以降低很多，具体应视工作桥的位置及闸门吊点位置等条件而定。

工作桥高程 = 上游最高水位 + 闸门高 + 吊钩高 + 工作桥梁高 + 工作桥板厚 + 安全超高

小型水闸的工作桥常采用钢筋混凝土板式结构。大中型水闸多采用钢筋混凝土板梁式结构。工作桥常设两根纵梁，多采用 T 形截面梁，见图 2-8（b），也可采用∏形截面梁，见图 2-8（a）。桥面板直接搁置于纵梁上，见图 2-8（a）、（b），也常采用加宽纵梁翼缘形成桥面板，见图 2-8（c）。

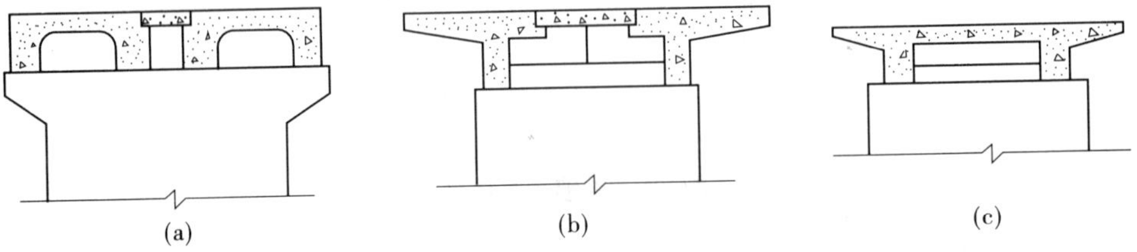


图 2-8 水闸工作桥结构形式

工作桥的总宽度取决于启闭机的类型、容量和操作需要。一般小型工作桥的总宽度为 2.0 ~ 2.5 m，大型工作桥的总宽度为 2.5 ~ 4.5 m。

## 4.2 交通桥

为便于交通，常在闸墩上设置交通桥。交通桥的位置应根据闸室稳定及两岸交通连接的需要而定，一般布置在闸墩的下游侧，见图 2-9。桥面宽度一般设净宽 4.5 m，双车道 7 ~ 9 m，两边各设 0.25 ~ 0.50 m 宽的人行道。人流较少时，两侧应代以截面为 25 cm × 25 cm 的安全带，并设置栏杆。

交通桥的梁（板）底高程均应高出最高洪水位 0.5 m 以上；如果有流冰，则应高出流冰面 0.2 m。

交通桥的形式可采用板式、板梁式和拱式。采用拱桥时应考虑荷载在拱脚处产生的水平推力对闸墩和底板的影响。当跨度在 3 ~ 6 m 时，采用板式结构；当跨度在 8 ~ 12 m 时，空心板桥与梁式桥的造价接近；跨度超过 12 m，采用梁式桥或双曲拱桥较经济。交通桥多采用单跨简支，其设计应符合交通部门制定的规范要求。

本项目 R 闸，闸门采用平面滚轮钢闸门，尺寸为 7.6 m × 7.8 m，启闭设备选用 QPQ -

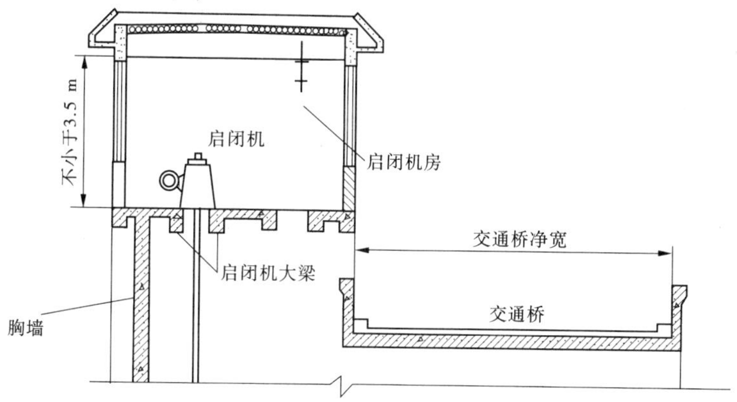


图2-9 交通桥布置示意图

2×25 卷扬式启闭机。工作桥支承为实体排架，由闸墩缩窄而成，其顺水流长 2.3 m、厚 0.5 m，底面高程 11.8 m，顶面高程 16.5 m，排架上设有活动门槽。

交通桥设在下游侧，为板梁式结构，其总宽为 5.5 m。公路桥支承在排架上，排架底部高程 8.5 m。

# 任务3 两岸连接建筑物的布置

水闸两端与河岸或堤、坝等建筑物的连接处，需设置连接建筑物，它们包括上下游翼墙、边墩或岸墙、刺墙和导流墙等。它具有以下作用：

(1)挡住两侧填土，维持土坝及两岸的稳定，防止过闸水流的冲刷；

(2)引导水流平顺进闸，并使出闸水流均匀扩散；

(3)阻止侧向绕渗，防止与其相连的岸坡或土坝产生渗透变形；

(4)保护两岸或土坝边坡不受过闸水流的冲刷；

(5)在软弱地基上设有独立岸墙时，可减少地基沉降对闸身应力的影响，改善闸室受力状况。

两岸连接建筑物的工程量占水闸总工程量的 15% ~40%，闸孔数愈少，所占的比例愈大。

## 1 连接建筑物的布置形式

### 1.1 上、下游翼墙

边墩或岸墙向上、下游延伸，便形成了上、下游翼墙。上、下游翼墙在顺水流方向上的投影长度，应分别等于或大于铺盖及消力池的长度。在有侧向防渗要求的条件下，上、下游翼墙的墙顶高程应分别高于上、下游最不利运用水位。上、下游翼墙宜与闸室及两岸岸坡平顺连接，其平面布置形式通常有以下几种。

#### 1.1.1 圆弧形或椭圆弧形翼墙

圆弧形或椭圆弧形翼墙，如图 2-10(a)所示。从边墩两端开始，用圆弧形或 1/4 椭圆弧形直墙插入两岸。一般上游圆弧半径为 20 ~ 50 m，下游圆弧半径为 30 ~ 50 m。其优点是水流条件好；缺点是施工复杂，工程量大。该翼墙适用于水位差及单宽流量大、闸身高、地基承载力较低的大中型水闸。

### 1.1.2 反翼墙

反翼墙如图 2-10(b)所示。翼墙向上、下游延伸一定距离后，转 90°插入两岸。上游翼墙的收缩角不宜大于 12° ~ 18°，下游翼墙的平均扩散角一般采用 7° ~ 12°，以免出闸水流脱离边壁，产生回流，挤压主流。其优点是水流条件较好，防渗效果好；缺点是工程量大，造价较高。该翼墙适用于大中型水闸。小型水闸也可采用一字形布置形式。

### 1.1.3 扭曲面翼墙

扭曲面翼墙如图 2-10(c)所示。翼墙的迎水面自闸室连接处开始，由垂直面逐渐变化为倾斜面，直至与河岸同坡度相接。其优点是水流条件好，工程量较小；缺点是施工较麻烦。该翼墙一般在渠系工程中采用较多。

### 1.1.4 斜降翼墙

斜降翼墙如图 2-10(d)所示。翼墙在平面上呈八字形，翼墙的高度随着其向上、下游方向延伸而逐渐降低，直至与河底相接。其优点是工程量小，施工方便；缺点是防渗效果差，水流易在闸孔附近产生立轴旋涡，冲刷堤岸。该翼墙常用于小型水闸。

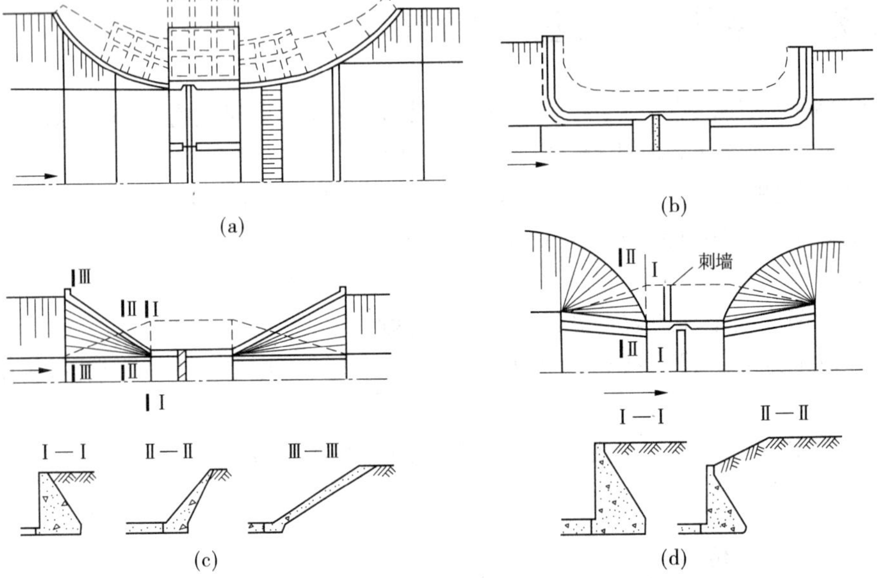


图 2-10 翼墙平面布置形式

## 1.2 边墩和岸墙

边墩是闸室靠近两岸的闸墩，而岸墙则是设在边墩后面的一种挡土结构。其布置形式与闸室结构情况及地基条件等因素有关，通常有以下几种。

### 1.2.1 边墩与岸墙结合

当闸室不太高、地基承载力较大时，一般不另修岸墙，利用边墩直接与两岸或土坝连接。边墩与闸室连成整体或用缝分开，见图 2-11，此时，边墩除起支承闸门及上部结构、防冲、防渗、导水作用外，还要起挡土作用。

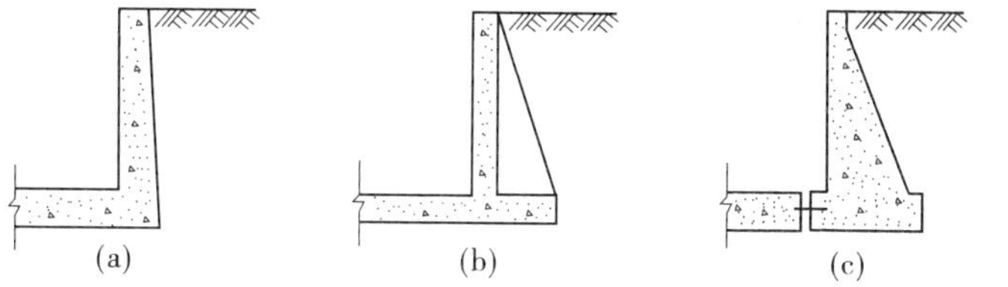


图2-11　边墩与岸墙结合布置示意图

1.2.2　边墩与岸墙分开

当闸室较高、孔数较多及地基软弱时，可在边墩后面另设岸墙，起挡土作用，岸墙与边墩之间设有沉降缝，见图2-12。其优点是可大大减轻边墩负担，改善闸室受力条件。

1.2.3　护坡连接形式

当地基承载力过低时，还可采用保持河岸的原有坡度或将土坝修整成稳定边坡，用钢筋混凝土挡土墙连接边墩与河岸或土坝，边墩不挡土，并在边墩或岸墙的后面设置与其垂直的刺墙进行挡水的形式。墙（墩）后填土至一定高度，再以一定的坡度到达堤顶，见图2-13。

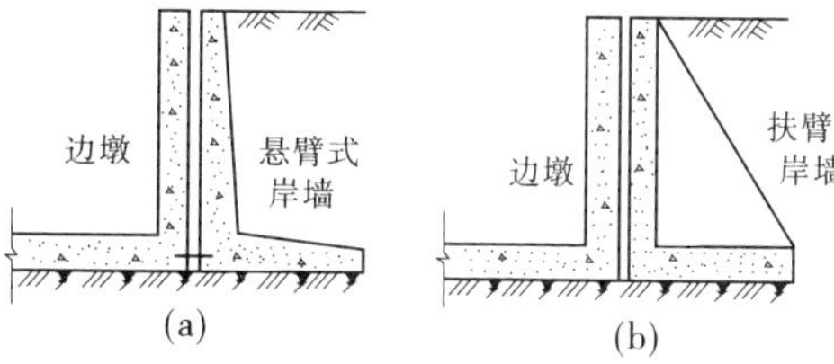


图2-12　边墩与岸墙分开布置示意图

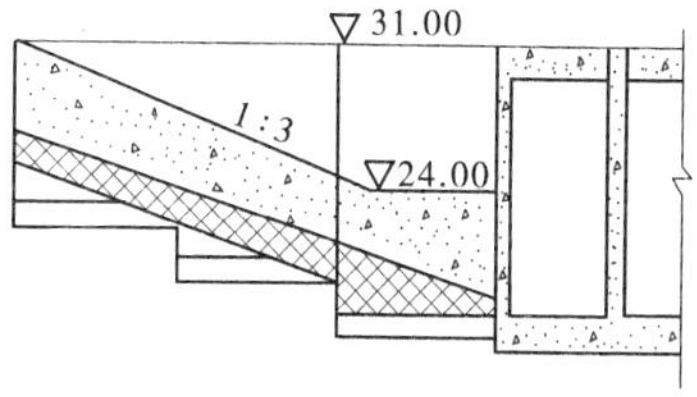


图2-13　护坡连接形式

## 2　连接建筑物的结构形式和构造

两岸连接建筑物的受力状态和结构形式与一般挡土墙基本相同，常用的结构型式有重力式、悬臂式、扶臂式和空箱式等。

### 2.1　重力式挡土墙

重力式挡土墙用混凝土或浆砌石等材料筑成，主要依靠自身的重力维持稳定。其特点是可就地取材，结构简单，施工方便，材料用量大。该挡土墙适用于中、小型水闸工程，一般墙高不超过6 m。

墙身顶宽一般为0.3～0.6 m，临水面常做成铅直的或接近铅直的，挡土侧自墙顶向下可先是高度为0.8 m左右的铅直段，再接边坡为1∶0.25～1∶0.50的斜坡至底板。为了改善地基压力分布和增强墙的耐久性，浆砌石结构的墙顶需设置高约0.3 m的混凝土盖帽，底板也常用混凝土浇筑，厚0.5～0.8 m、宽0.6～0.7的墙高，两端悬出0.3～0.5 m，前趾按悬臂梁计算，常需配置钢筋。当墙身较高时，可用混凝土做成半重力式的，见图2-14。

### 2.2　悬臂式挡土墙

悬臂式挡土墙是由直墙和底板组成的主要利用底板上的填土维持稳定的一种钢筋混

凝土的轻型挡土结构。其断面用作翼墙时为倒 T 形,用作岸墙时则为 L 形,如图 2-15 所示。这种结构形式的优点是结构尺寸小,自重轻,构造简单。但建筑高度不能太高,适宜高度为 6 ~ 10 m。

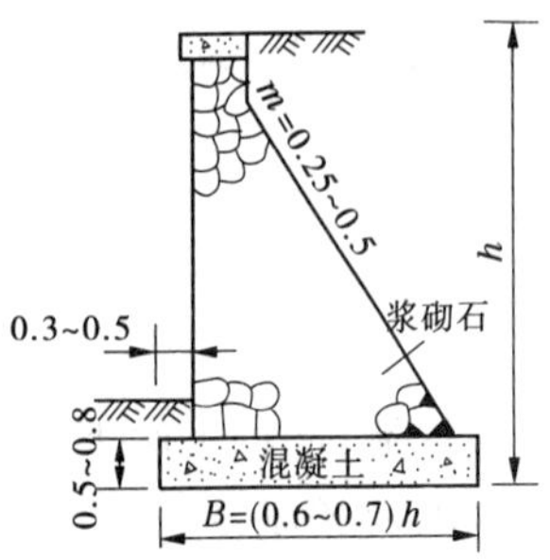


图 2-14　重力式挡土墙　(单位:m)

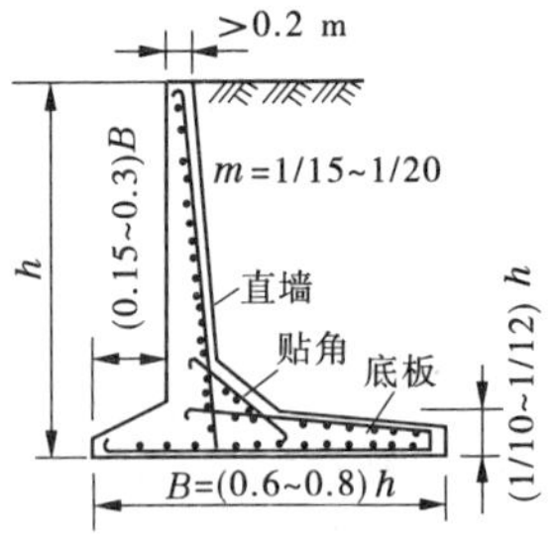


图 2-15　悬臂式挡土墙　(单位:m)

直墙顶部厚度一般不小于 0.2 m,底部厚度由计算确定,一般为墙高的 1/12 ~ 1/10。直墙内面常做成垂直面以便施工,而外侧面可做成 15∶1 ~ 20∶1的坡面。底板采用变厚,其厚度在直墙处常为墙高的 1/10 ~ 1/14,前后端部不小于 0.2 m。底板宽度由挡土墙稳定条件确定,常采用 0.6 ~ 0.8 的墙高,前趾长度一般为 0.15 ~ 0.3 的底板宽。直墙和底板近似按悬臂板计算。

## 2.3　扶臂式挡土墙

扶臂式挡土墙通常采用钢筋混凝土修建,也是一种轻型结构,由直墙、扶臂及底板三部分组成。利用扶臂和直墙共同挡土,并可利用底板上的填土维持稳定,适用于墙高大于 10 m 的坚实或中等坚实的地基上的情况,见图 2-16。

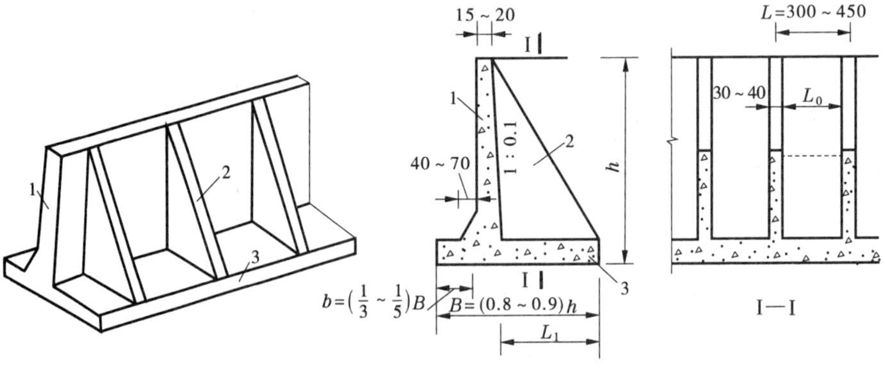


1—直墙;2—扶臂;3—底板

图 2-16　扶臂式挡土墙　(单位:cm)

直墙顶厚一般为 0.15 ~ 0.20 m,下部墙厚由计算确定。扶臂间距一般为 3 ~ 4.5 m,扶臂厚度多为 0.30 ~ 0.40 m。底板宽度 $B$ 为 0.8 ~ 0.9 的墙高,前趾长度为(1/3 ~ 1/5)$B$,底板厚度为 1/10 ~ 1/15 的墙高,一般不小于 0.40 m。当直墙高度在 6.5 m 以内时,直墙和扶臂可采用浆砌石结构。

## 2.4 空箱式挡土墙

空箱式挡土墙也是一种轻型结构，由顶板、底板、前墙、后墙、扶臂和隔墙等组成。箱内不填土或填少量的土，但可以进水，主要依靠墙体本身的重量和箱内部分土重或水重维持稳定性，见图2-17。其特点是作用于地基上的单位压力较小，且分布均匀，所以适用于墙的高度很大且地基允许承载力较低的情况。但其复杂，需用较多的钢筋和木材，施工麻烦，造价较高。因此，在某些较差的松软地基上采用扶臂式挡土墙还不能满足设计要求的情况下，宜采用空箱式挡土墙。

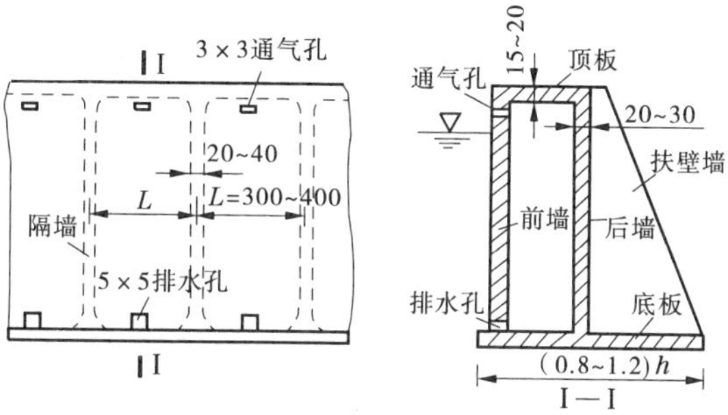


图2-17 空箱式挡土墙 (单位:cm)

这种形式的底板宽度一般为墙高的0.8~1.2。其顶板按双向板或单向板计算。

## 2.5 连拱空箱式挡土墙

连拱空箱式挡土墙是空箱式挡土墙的一种形式，见图2-18。它由底板、前墙、隔墙和拱圈等部分组成。其特点是后墙用拱圈代替，充分利用材料的抗压性能。底板和拱圈一般为混凝土结构，前墙和隔墙多采用浆砌石结构。拱圈净跨一般为2~3 m，矢跨比常用0.2~0.3，厚度为0.1~0.2 m。其优点是钢筋省、造价低、重量轻，适用于软土地基；缺点是挡土墙在平面布置上需转弯时施工较困难，预制拼装的拱圈整体性和防渗性均较差。

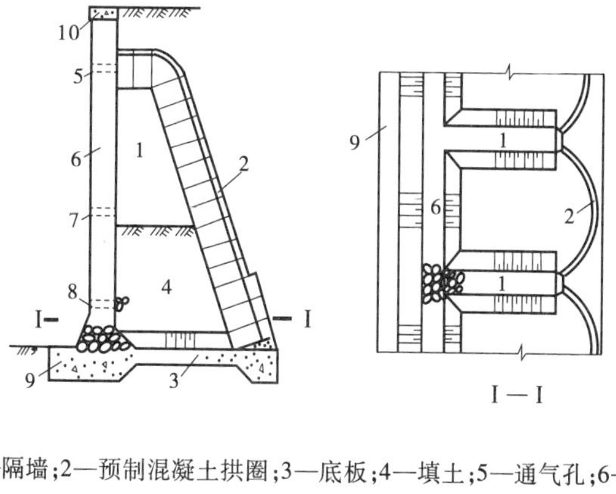


1—隔墙；2—预制混凝土拱圈；3—底板；4—填土；5—通气孔；6—前墙；7—进水孔；8—排水孔；9—前趾；10—盖顶

图2-18 连拱空箱式挡土墙

# 项目3 水力计算及防渗排水设计

## 任务1 闸孔设计

### 1 闸室结构形式选择

闸室结构形式有开敞式和涵洞式两大类。一般闸槛高程较高、挡水高度较小的水闸,或有泄洪、排冰、过木、通航等要求的水闸都采用开敞式;闸槛高程较低、挡水高度较大的水闸,或闸上水位变幅较大,且有限制过闸单宽流量的水闸都采用胸墙式或涵洞式。

根据项目2中R闸闸室段的布置得知,本项目采用的是胸墙式闸室。

### 2 闸孔形式选择及底板高程确定

#### 2.1 闸孔形式选择

常见的闸孔形式有宽顶堰型、低实用堰型和孔口型三种,见图3-1。

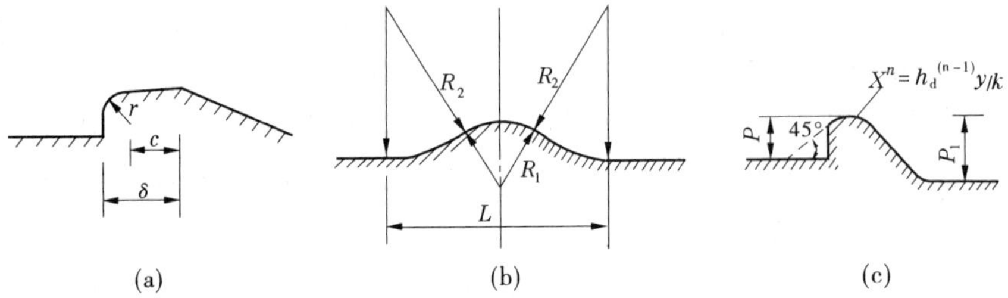


图3-1 闸孔形式

##### 2.1.1 宽顶堰型

平底宽顶堰不设胸墙,是水闸中最常采用的一种形式,其具有结构简单、施工方便、有利于排沙冲淤、泄流能力比较稳定等优点,但自由泄流时流量系数较小,闸后比较容易产生波状水跃。

##### 2.1.2 低实用堰型

低实用堰有梯形堰、驼峰堰和WES低堰三种形式,其自由泄流时流量系数较大,可缩短闸孔宽度和减小闸门高度,并能拦截泥沙入渠,但泄流能力容易受下游水位变化的影响,淹没度增加时,泄洪能力急剧降低。

##### 2.1.3 孔口型

孔口型适用于上游水位变幅较大,且高水位需控制下泄流量的情况,此时孔口顶部设胸墙挡水,可减小闸门的高度。

### 2.2 闸底板高程的确定

闸底板高程的确定应依据河(渠)底高程、水流、泥沙、闸址地形和地质等条件,结合水闸规模、所选用的堰型,经技术经济比较后确定。

一般情况下,节制闸、泄洪闸、进水闸或冲沙闸的闸底板高程宜与河(渠)底齐平,以便多泄(引)水,多冲沙;多泥沙河流上的进水闸、分水闸及分洪闸,在满足引水、分水或泄水的条件下,闸底板高程可比河(渠)底略高一些;排水闸(排涝闸)、泄水闸或挡潮闸(常兼有排涝闸的作用)闸底板高程应尽量定得低些,以保证将涝水或渠系集水面积内的洪水迅速排走,一般略低或齐平于闸前排水渠的渠底。

R 闸建在少泥沙的人工渠道上,宜采用结构简单、施工方便、自由出流范围较大的平底宽顶堰作为底坎,考虑到闸基持力层是坚硬粉质黏土,土质良好、承载能力大,参考该地区已建工程的经验,拟取闸底板顶面与 R 渠渠底齐平,高程为 0.5 m。闸孔为设胸墙的孔口型闸孔形式。

## 3 闸孔尺寸设计

### 3.1 闸孔总净宽的计算

水闸最常用的闸槛形式是平底板宽顶堰,因此本书只列出该堰型闸孔总净宽的计算公式。对于设有低堰或其他堰型的水闸闸孔总净宽计算,可参考有关水力学计算手册。

(1)当为堰流时,见图 3-2,闸孔总净宽 $B_0$ 可按式(3-1)进行计算:

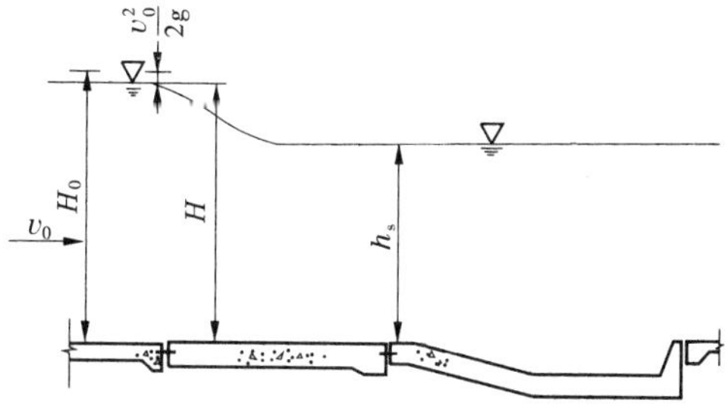


图 3-2 平底板堰流计算示意图

$$B_0 = \frac{Q}{\sigma \varepsilon m \sqrt{2gH_0^3}} \tag{3-1}$$

单孔闸

$$\varepsilon = 1 - 0.171\left(1 - \frac{b_0}{b_s}\right)\sqrt[4]{\frac{b_0}{b_s}} \tag{3-2}$$

多孔,闸墩墩头为圆弧形

$$\varepsilon = \frac{\varepsilon_z(n-1) + \varepsilon_b}{n} \tag{3-3}$$

中闸孔

$$\varepsilon_z = 1 - 0.171\left(1 - \frac{b_0}{b_s + d_z}\right)\sqrt[4]{\frac{b_0}{b_s + d_z}} \tag{3-4}$$

边闸孔
$$\varepsilon_b = 1 - 0.171\left(1 - \frac{b_0}{b_0 + \frac{d_z}{2} + b_b}\right)^4 \sqrt{\frac{b_0}{b_0 + \frac{d_z}{2} + b_b}} \tag{3-5}$$

$$\sigma = 2.31\frac{h_s}{H_0}\left(1 - \frac{h_s}{H_0}\right)^{0.4} \tag{3-6}$$

式中　$B_0$——闸孔总净宽,m;

$Q$——过闸流量,$m^3/s$;

$H_0$——计入行近流速水头的堰上水深,m;

$\varepsilon$——堰流侧收缩系数,单孔闸按式(3-2)计算求得,多孔闸可按式(3-3)计算;

$m$——堰流流量系数,可采用0.385;

$b_0$——每孔净宽,m;

$b_s$——上游河道一半水深处的宽度,m;

$\varepsilon_z$——中闸孔侧收缩系数,可按式(3-4)计算;

$\varepsilon_b$——边闸孔侧收缩系数,可按式(3-5)计算;

$\sigma$——堰流淹没系数,可按式(3-6)计算;

$g$——重力加速度,可采用9.81 $m/s^2$;

$n$——闸孔数;

$d_z$——中闸墩厚度,m;

$b_b$——边闸墩顺水流向边缘至上游河道水边线之间的距离,m;

$h_s$——由堰顶算起的下游水深,m。

当堰流处于高淹没度($h_s/H_0 \geqslant 0.9$)时,$B_0$ 也可按式(3-7)计算:

$$B_0 = \frac{Q}{\mu_0 h_s \sqrt{2g(H_0 - h_s)}} \tag{3-7}$$

$$\mu_0 = 0.877 + \left(\frac{h_s}{H_0} - 0.65\right)^2 \tag{3-8}$$

式中　$\mu_0$——淹没堰流的综合流量系数,可按式(3-8)计算。

(2)当为闸孔出流时(闸门开启度或胸墙下孔口高度 $h_e$ 与堰上水头 $H$ 的比值 $h_e/H \leqslant 0.65$),闸孔总净宽 $B_0$ 可按式(3-9)计算,计算示意图见图3-3。

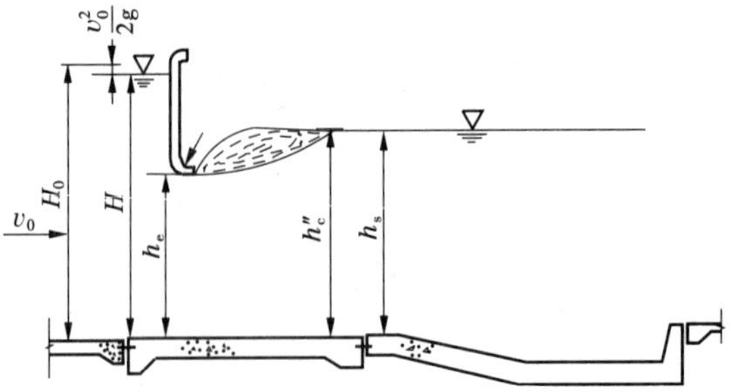


图3-3　平底板孔流示意图

$$B_0 = \frac{Q}{\sigma' \mu h_e \sqrt{2gH_0}} \tag{3-9}$$

$$\mu = \varphi \varepsilon' \sqrt{1 - \frac{\varepsilon' h_e}{H}} \tag{3-10}$$

$$\varepsilon' = \frac{1}{1 + \sqrt{\lambda \left[1 - \left(\frac{h_e}{H}\right)^2\right]}} \tag{3-11}$$

$$\lambda = \frac{0.4}{2.718^{16\frac{r}{h_e}}} \tag{3-12}$$

式中 $h_e$——孔口高度,m;

$H$——堰上水头,m;

$\mu$——孔流流量系数,可按式(3-10)计算;

$\varphi$——孔流流速系数,可采用0.95～1.0;

$\varepsilon'$——孔流垂直收缩系数,可由式(3-11)计算求得;

$\lambda$——计算系数,可由式(3-12)计算求得,该公式适用于$0 < r/h_e < 0.25$范围;

$r$——胸墙底圆弧半径,m;

$\sigma'$——孔流淹没系数,可由表3-1查得,表中$h''_c$为跃后水深,m。

表3-1 $\sigma'$值

| $\frac{h_s - h''_c}{H - h''_c}$ | ≤0 | 0.1 | 0.2 | 0.3 | 0.4 | 0.5 | 0.6 | 0.7 | 0.8 | 0.9 | 0.92 | 0.94 | 0.96 | 0.98 | 0.99 | 0.995 |
|---|---|---|---|---|---|---|---|---|---|---|---|---|---|---|---|---|
| $\sigma'$ | 1.00 | 0.86 | 0.78 | 0.71 | 0.66 | 0.59 | 0.52 | 0.45 | 0.36 | 0.23 | 0.19 | 0.16 | 0.12 | 0.07 | 0.04 | 0.02 |

## 3.2 闸孔布置的确定

### 3.2.1 闸室单孔净宽的确定

闸孔总净宽求出后,即可根据水闸的使用要求、闸门形式、启闭机容量等因素,参照闸门系列尺寸,选定闸孔单孔宽度。大中型水闸的单孔宽度一般采用8～12 m,小型水闸的单孔宽度一般为3～5 m。

### 3.2.2 闸孔数目的确定

单孔净宽$b_0$确定后,孔数$n \approx B_0/b_0$,设计中$n$值应取略大于计算值的整数。但采用的闸孔总净宽不宜超过计算值的3%～5%。当闸孔孔数少于8孔时,宜采用单数孔,以使过闸水流均匀。

### 3.2.3 闸室总宽度的确定

闸室总宽度$B = Nb + \sum d_z$,其中$d_z$为闸墩厚度。闸室总宽度拟定后,考虑闸墩形状等因素影响,应进一步验算水闸在设计和校核水位下的过水能力。一般实际过水能力与设计过流量的差值不得超过±5%,否则须调整闸孔尺寸,直至满足要求。

从过水能力和消能防冲两方面考虑,闸室总宽度$B$值还应与上、下游河道或渠道宽度相适应。一般闸室总宽度应等于或大于0.6～0.85的河(渠)道宽度,河(渠)道宽度较大时，取较大值。

### 3.3 闸孔过流能力的校核

按拟定的闸孔尺寸，考虑闸墩形状等影响，进一步验算水闸的过水能力。一般实际过流量与设计过流量的差值不得超过 ±5%，否则须调整闸孔尺寸，直至满足要求。

最后，可以确定闸室的总宽度，从过水能力和消能防冲两方面考虑，闸室总宽度应与上、下游河道或渠道宽度相适应。一般闸室总宽度应等于或大于 0.6 ~ 0.85 的河（渠）道宽度，河（渠）道宽度较大时，取较大值。

## 4 确定本工程孔口尺寸

### 4.1 初拟闸孔尺寸

该闸的孔口必须满足引水灌溉和引水冲淤保港的要求。

#### 4.1.1 引水灌溉

上游水深　$H = 7.83 - 0.5 = 7.33$（m）

下游水深　$h_s = 7.78 - 0.5 = 7.28$（m）

引水流量　$Q = 300\ \text{m}^3/\text{s}$

上游行近流速　$v_0 = Q/A$

$$A = (b + mH)H = (50.0 + 2 \times 7.33) \times 7.33 = 473.96(\text{m}^2)$$

$$v_0 = 300/473.96 = 0.633(\text{m/s})$$

$$H_0 = H + \alpha v_0/2g = 7.33 + \frac{1.0 \times 0.633}{2 \times 9.8} = 7.36(\text{m})\ (\text{取}\ \alpha = 1.0)$$

$h_s/H_0 = 7.28/7.36 = 0.99 > 0.8$，故属淹没出流。

查《水力学计算手册》，淹没系数 $\sigma_s = 0.36$，由宽顶堰淹没出流公式 $B_0 = \dfrac{Q}{\mu_0 h_s \sqrt{2g(H_0 - h_s)}}$ 得：

$$\mu_{01} = 0.877 + (h_s/H_0 - 0.65)^2 = 0.877 + (0.99 - 0.65)^2 = 0.993$$

$$B_{01} = \frac{300}{0.993 \times 7.28 \times \sqrt{2 \times 9.80 \times (7.35 - 7.28)}} = 35.43(\text{m})$$

#### 4.1.2 引水冲淤保港

上游水深　$H = 7.44 - 0.5 = 6.94$（m）

下游水深　$h = 7.38 - 0.5 = 6.88$（m）

引水流量　$Q = 100\ \text{m}^3/\text{s}$

上游行近流速　$v_0 = Q/A$

$$A = (b + mH)H = (50.0 + 2 \times 6.94) \times 6.94 = 443.3(\text{m/s})$$

$v_0 = Q/A = 100/443.3 = 0.23\ \text{m/s} < 0.5\ \text{m/s}$，可以忽略不计，则 $H_0 \approx H = 6.94$ m。

$h_s/H_0 = 6.88/6.94 = 0.99 > 0.8$，故属淹没出流。

查《水力学计算手册》得淹没系数 $\sigma_s = 0.36$。

由宽顶堰淹没出流公式 $B_0 = \dfrac{Q}{\mu_0 h_s \sqrt{2g(H_0 - h_s)}}$ 得：

$$\mu_{02} = 0.877 + (h_s/h_0 - 0.65)^2 = 0.877 + (0.99 - 0.65)^2 = 0.993$$

$$B_{02} = \frac{100}{0.993 \times 6.88 \times \sqrt{2 \times 9.81 \times (6.94 - 6.88)}} = 13.49(\text{m})$$

比较以上两种计算结果，$B_{02} < B_{01}$，可见引水灌溉情况是确定闸孔尺寸的控制情况，故闸孔净宽 $B_0$ 宜采用较大值35.43 m。

拟将闸孔分为3孔，取每孔净宽为7.0 m，则闸孔实际总净宽为 $B_0 = 3 \times 7.0 = 21.0$ (m)。

由于闸基土质条件较好，不仅承载能力较大，而且坚硬、紧密。为了减少闸孔总宽度，节省工作量，闸底板宜采用整体式平底板，拟将分缝设在各孔底板的中间位置，形成倒Π形底板。中墩采用钢筋混凝土结构，厚1.1 m，墩头、墩尾均采用半圆形，半径为0.55 m。

### 4.2 复核过水能力

根据初拟的闸孔尺寸得：

$$\begin{aligned} Q &= B_0\mu_0 h_s \sqrt{2g(H_0 - h_s)} \\ &= 35 \times 0.993 \times 7.28 \times \sqrt{2 \times 9.80 \times (7.35 - 7.28)} \\ &= 296.4(\text{m}^3/\text{s}) \end{aligned}$$

$$\left|\frac{Q_{实} - Q}{Q}\right| \times 100\% = 1.16\% < 5\%$$

实际过流能力满足引水灌溉的设计要求。

因此，该闸的孔口尺寸确定为：共分3孔，每孔净宽7.0 m，2个中墩各厚1.1 m，闸孔总净宽为35.0 m，闸室总宽度为39.4 m。

# 任务2 消能防冲设计

## 1 过闸水流特点及消能防冲形式的选择

水流过闸时，可能具有较大的上下游水位差。同时，闸孔宽度一般都小于下游河床宽或渠宽，使过闸流量比较集中，单宽流量加大，致使过闸水流具有较大的动能。因此，必须采取可靠的消能防冲措施，搞好水闸的消能防冲设计。

### 1.1 过闸水流的特点

(1)水闸初始泄流时，闸下游水深较浅，随着闸门开度的增加水深逐渐加深，出闸水流从孔流到堰流，从自由出流到淹没出流都会发生。当闸下不能形成淹没水跃或水跃淹没度过大时，以致垂直扩散不良，急流沿底部推进，形成严重的脉动现象。

(2)当水闸的上下游水位差较小时，闸下易产生波状水跃。波状水跃消能效果较差，水流不能随翼墙扩散而减速，仍保持急流向下游流动，致使两侧产生回流，缩窄了河槽过水有效宽度，局部单宽流量加大，造成河床和两岸的严重冲刷。设计时可在水闸出流平台末端设一小槛，促成底流式消能，可比较好地解决波状水跃。

(3)过闸水流都是先收缩后扩散，若设计不当或管理不善，下泄水流不能均匀扩散，主流集中,形成折冲水流,对下游消能设施及河道破坏较大。因此,在设计布置时,闸室要对称布置(尤其是小型水闸);上游河渠要有一定长度的直线段,使水流平顺地进入闸室;闸下游采用扩散角不太大(每侧宜为7°~12°)的翼墙。同时,闸门启闭应严格遵守闸门操作规程。

### 1.2 消能防冲形式的选择

#### 1.2.1 闸下水流的消能方式

水闸的消能防冲设施应在各种水力条件下,均能满足消能要求,且上下游水流能很好地衔接。平原地区的水闸,水头低,下游河床抗冲能力差,且承受水头不高,宜采用底流式消能。当水闸承受较高水头,且闸下河床及岸坡为坚硬岩体时,可采用挑流式消能。当水闸闸下尾水深度较大,且变化较小,河床及岸坡抗冲能力较强时,可采用面流式消能。在挟有较大砾石的多泥沙河流上,不宜设消力池,可采用抗冲耐磨的斜坡护坦与下游河道连接,末端应设防冲墙。

#### 1.2.2 消能防冲设计的水力条件选择

根据水闸的运用要求,其上、下游水位,过闸流量,以及泄流方式(如闸门的开启程序、开启孔数和开启高度)等常常是复杂多变的,因此水闸闸下消能防冲设施必须在各种可能出现的水力条件下,都能满足消散动能与均匀扩散水流的要求,且应与下游河道有良好的衔接。但是不同类型的水闸,其泄流特点各不相同,因而控制消能设计的水力条件也不尽相同。

拦河节制闸宜在保持闸上最高蓄水位的情况下,以排泄上游多余来水量来控制消能设计的水力条件;当闸的下游河道已渠化时,应考虑下一级的蓄水位对闸下水位的影响。分洪闸宜以闸门全开,以通过最大分洪流量为控制消能设计的水力条件。排水闸(排涝闸)宜以冬、春季蓄水期排涝流量为控制消能设计的水力条件。

## 2 消力池的设计

在我国,水闸多修建在平原地区的土基上,因此底流式消能是主要消能形式。底流式消能的作用是增加下游水深,以保证产生淹没式水跃,防止土基冲刷破坏,保证闸室安全。底流式消能防冲设施由消力池、海漫、防冲槽等部分组成。

### 2.1 消力池形式的选用

底流式消能有下挖式消力池、突槛式消力池和综合式消力池三种主要形式,见图3-4。

当闸下尾水深度小于跃后水深时,可采用下挖式消力池消能,消力池可采用斜坡面与闸底板相连接,斜坡面的坡度不宜陡于1∶4;当闸下尾水深度略小于跃后水深时,可采用突槛式消力池消能;当闸下尾水深度远小于跃后水深,且计算消力池深度又较深时,可采用下挖式消力池与突槛式消力池相结合的综合式消力池消能。当水闸上、下游水位差较大,且尾水深度较浅时,宜采用二级或多级消力池消能。对于大型多孔闸,可根据需要设置隔墩或导墙进行分区消能防冲布置。

### 2.2 消力池的尺寸确定

由于水闸下游翼墙的平面扩散对增加水闸总宽度的影响不大,因此底流式消能设施

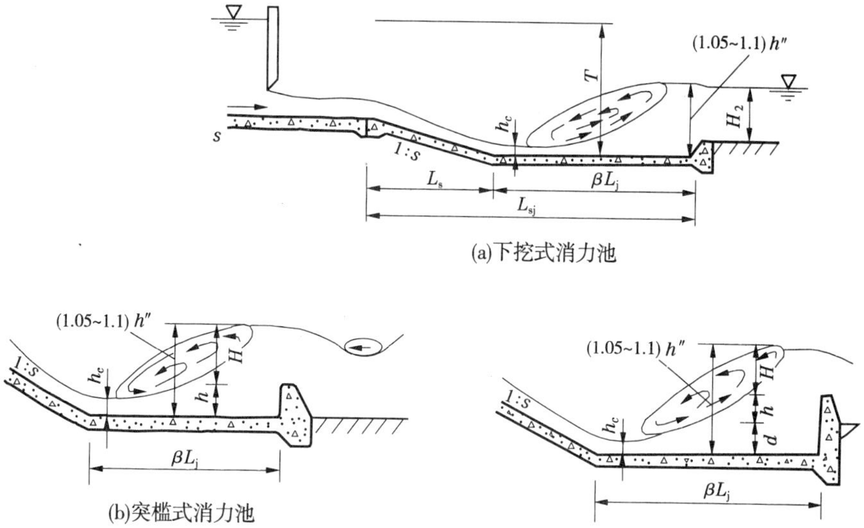


(a)下挖式消力池

(b)突槛式消力池

(c)综合式消力池

**图3-4　消力池形式**

的设计计算通常可按偏安全的二元问题求解。

消力池的尺寸包括消力池的深度、长度和底板厚度。

### 2.2.1　消力池的深度

消力池的深度可按式(3-13)计算，计算示意图见图3-5。

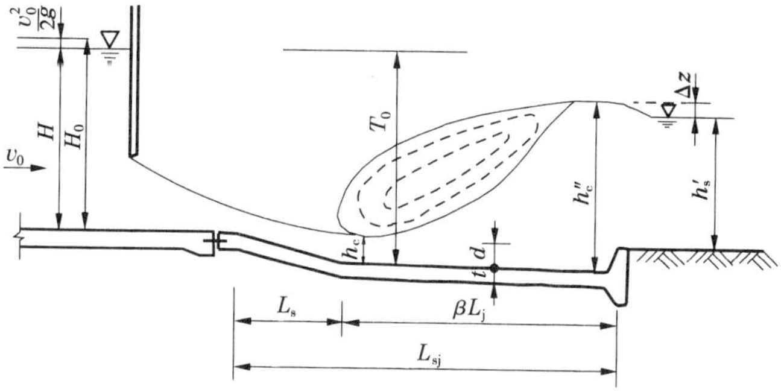


**图3-5　消力池尺寸计算示意图**

$$d = \sigma_0 h_c'' - h_s' - \Delta Z \tag{3-13}$$

$$h_c'' = \frac{h_c}{2}\left(\sqrt{1 + \frac{8\alpha q^2}{g h_c^3}} - 1\right)\left(\frac{b_1}{b_2}\right)^{0.25} \tag{3-14}$$

$$h_c^3 - T_0 h_c^2 + \frac{\alpha q^2}{2g\varphi^2} = 0 \tag{3-15}$$

$$\Delta Z = \frac{\alpha q^2}{2g\varphi^2 h_s'^2} - \frac{\alpha q^2}{2g h_c''^2} \tag{3-16}$$

式中　$d$——消力池的深度，m；

$\sigma_0$——水跃淹没系数，可采用1.05～1.10；

$h_c''$——跃后水深，m；

$h_c$——收缩水深，m；

$\alpha$——水流动能校正系数，可采用1.0～1.05；

$q$——过闸单宽流量，$m^3/(m \cdot s)$；

$b_1$——消力池首端宽度，m；

$b_2$——消力池末端宽度，m；

$h_s'$——出池河床水深，m；

$T_0$——由消力池底板顶面算起的总势能，m；

$\varphi$——孔流系数，可采用0.95～1.0；

$\Delta Z$——出池落差，m。

### 2.2.2 消力池的长度

消力池的长度可按式(3-17)、式(3-18)计算，计算示意图见图3-5。

$$L_{sj} = L_s + \beta L_j \tag{3-17}$$

$$L_j = 6.9(h_c'' - h_c) \tag{3-18}$$

式中 $L_{sj}$——消力池长度，m；

$L_s$——消力池斜坡段水平投影长度，m；

$\beta$——水跃长度校正系数，可采用0.7～0.8；

$L_j$——水跃长度，m。

### 2.2.3 消力池的底板厚度

消力池的底板厚度可根据抗冲和抗浮要求，分别按式(3-19)、式(3-20)计算，取其较大值。

抗冲
$$t = k_1\sqrt{q\sqrt{\Delta H'}} \tag{3-19}$$

抗浮
$$t = k_2\frac{U - W \pm P_m}{\gamma_b} \tag{3-20}$$

式中 $t$——消力池底板始端厚度，m；

$\Delta H'$——闸孔泄水时上、下游水位差，m；

$k_1$——消力池底板计算系数，可采用0.15～0.20；

$k_2$——消力池底板的安全系数，可采用1.1～1.3；

$U$——作用在消力池底板底面的扬压力，kPa；

$W$——作用在消力池底板顶面的水重，kPa；

$P_m$——作用在消力池底板上的脉动压力，其值可取跃前收缩断面流速水头值的5%，通常计算消力池底板前半部的脉动压力时取“+”号，计算消力池后半部的脉动压力时取“-”号；

$\gamma_b$——消力池底板的饱和容重，$kN/m^3$。

消力池底板可等厚，若消力池较长，其厚度也可自上游向下游逐渐减小。消力池底板的末端厚度可采用$t/2$，但不宜小于0.5 m。小型水闸可减薄，但不宜小于0.3 m。

## 2.3 消力池的构造

消力池构造如图3-6所示。消力池底板由于要承受水流冲刷、脉动压力和底部扬压力的作用，故应有一定的重量、强度和抗冲耐摩能力。材料一般选用C15或C20的混凝土浇筑而成，并配置Φ10～12的温度钢筋，间距20～30 cm，或按0.1%～0.2%的含钢率配置构造筋。大型水闸消力池底板的顶、底面均需配筋，中、小型水闸可只在顶面配筋。

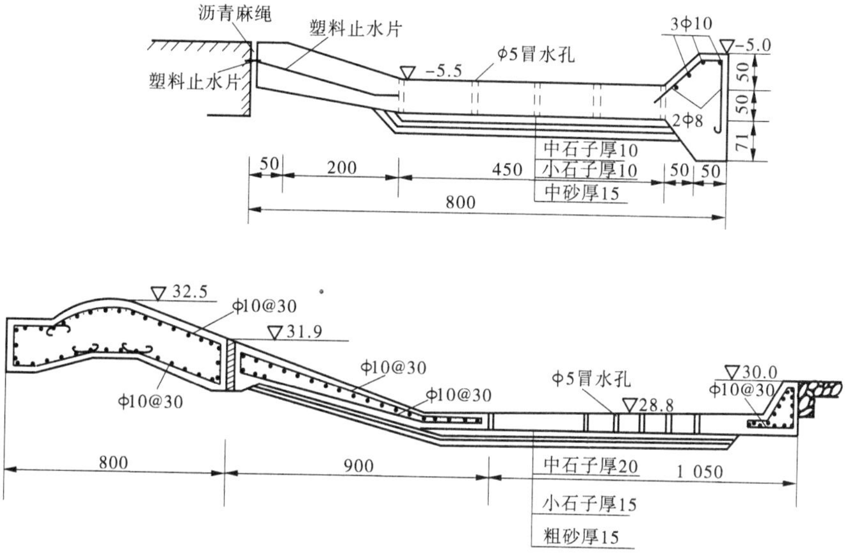


**图3-6 消力池构造** （高程单位：m；尺寸单位，cm；钢筋直径，mm）

为了减小渗透压力的影响，按防渗设计要求，在底板上布设排水孔，孔径一般为50～250 mm，间距为1.0～3.0 m，呈梅花形布置在消力池的中后部，并在排水孔下设反滤层。一般不要设在护坦的前端，以防高速水流造成局部负压，将孔下地基土壤吸出，导致护坦失事。但在多泥沙河道上，排水孔易被堵塞，不宜布置排水孔。

为适应地基的不均匀沉陷，消力池与闸底板、翼墙、海漫之间以及消力池本身顺水方向均应分缝，缝距为10～20 m，地基差为8～12 m。垂直水流方向通常不设缝，以保证其整体性。缝的位置如在闸基防渗范围以内，缝中应设止水；否则，不用设止水，但一般都铺设沥青油毛毡。

为增强护坦的抗滑稳定性，常在消力池的末端设置齿墙，墙深一般为0.8～1.5 m，宽为0.6～0.8 m。消力池的末端通常还设有尾槛，其作用是壅高池内水位，促使消力池能在下游水深不足时形成水跃，并控制、缩短水跃长度，将出流挑向水面，调整出池水流的流速分布，促进出池水流的扩散作用，以减小下游河床的冲刷。尾槛的形式可分为连续式实体槛和差动式齿槛两大类，见图3-7。

## 2.4 辅助消能工

消力池内除设置尾槛外，也常设置消力墩、消力齿等辅助消能工，见图3-8。其目的是使水流受阻，促使水流撞击，形成涡流，加强紊动扩散，稳定水跃，减小消力池尺寸，提高消能效果，节省工程量。

消力墩可设在消力池的前部或后部，由两排或三排交错排列布置。设在前部的消力

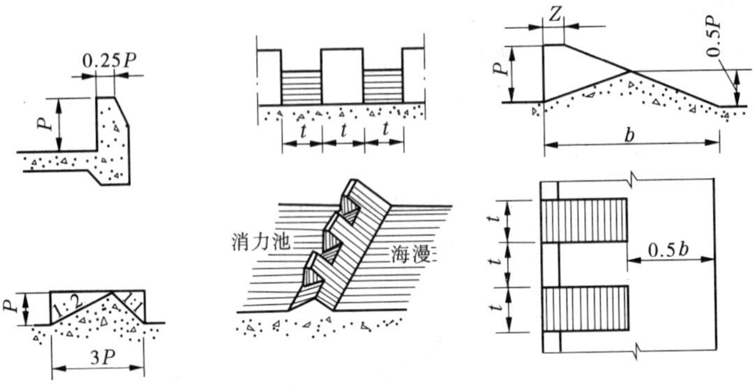


(a)连续式实体槛　　　　(b)差动式齿槛

**图 3-7　尾槛形式**

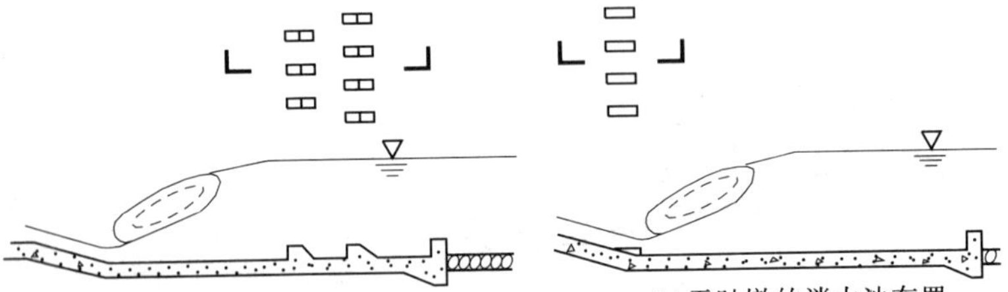

(a)无消力墩的消力池布置　　　　(b)无趾墩的消力池布置

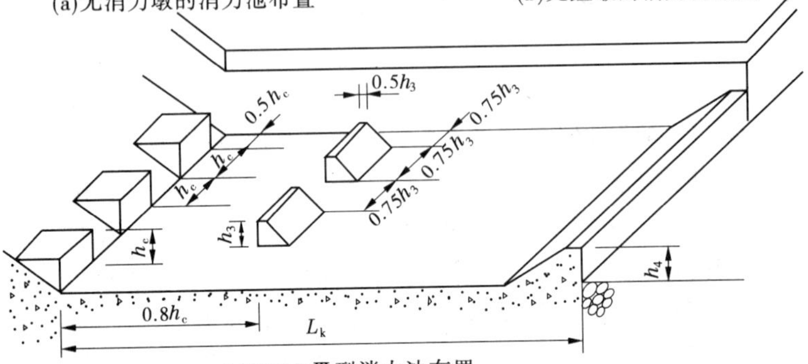


(c)USBR Ⅲ型消力池布置

**图 3-8　消力池辅助消能工**

墩,对急流的反力大,辅助消能效果好,缩短消力池长度的作用较明显,但易发生空蚀,且要承受较大的水流冲击力。设在后部的消力墩,消能作用较小,主要是可改善水流流态。在出闸水流流速较高的情况下,宜采用设在后部的消力墩。消力墩沿水流方向的断面形式可为矩形或梯形,墩顶应有足够的淹没水深,墩高为跃后水深的 1/5 ~ 1/3。墩宽及墩的净距一般采用墩高的一半,前后排的净距可比墩高稍大些。消力墩形式见图 3-9。

辅助消能工的消能效果与其自身形状、尺寸、在池中的布置情况及池中水深、泄量变化等因素有关。对于有排冰、过木要求的水闸应慎重布置,因为若辅助消能工选用不当,将危及消力池的安全。对于大型水闸,应通过水工模型试验来进行布置。

本工程消力池设计过程请自行完成。经设计计算,取池渠 $d = 0.5$ m,消力池的长度 $L_{sj} = 21.5$ m,消力池的底板厚度 $t = 0.7$ m,且前后等厚。在消力池底板的后半部设排水孔,孔径 10 cm,间距 2 m,呈梅花形布置,孔内填以砂、碎石。消力池与闸板连接处留有 1

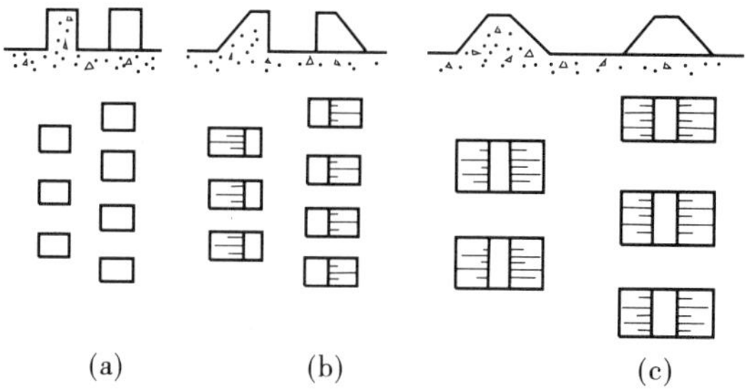


图3-9 消力墩形式

m的平台,以便更好地促成出闸出流在池中产生水跃,经计算,发生淹没水跃时,跃后水深为2.39 m,对应下游水深为7.04 m。消力池在平面上呈扩散状,扩散角度为10°。

## 3 海漫的设计

过闸水流经过消力池已消除绝大部分能量,但仍有剩余能量,对河床和岸坡仍具有一定的冲刷能力,故紧接护坦后还要采取消能防冲加固措施,见图3-10。

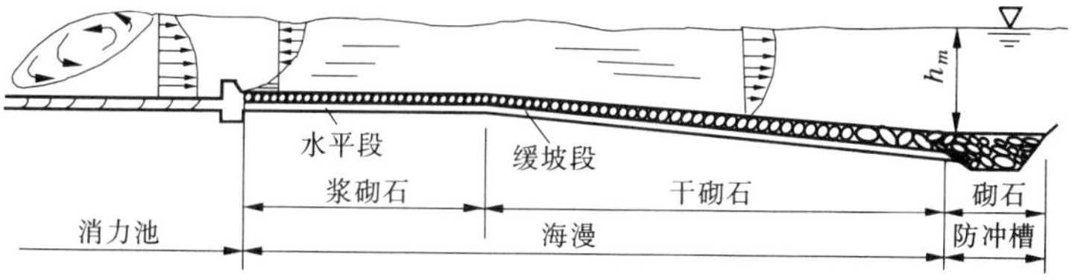


图3-10 海漫布置示意图

### 3.1 海漫长度的计算

海漫的长度取决于消力池末端的单宽流量、上下游水位差、下游水深、河床土质抗冲能力、闸孔与河道宽度的比值以及海漫结构形式等。《水闸设计规范》(SL 265—2001)建议采用式(3-21)计算:

$$L_p = k_s \sqrt{q_s \sqrt{\Delta H'}} \tag{3-21}$$

式中 $L_p$——海漫长度,m;

$\Delta H'$——闸孔泄水时的上、下游水位差,m;

$k_s$——计算系数,当河床为粉砂、细砂时取14~13,当为中砂、粗砂、砂质壤土时取12~11,当为粉质黏土时取10~9,当为坚硬黏土时取8~7;

$q_s$——消力池末端单宽流量,$m^3/(s \cdot m)$。

本工程海漫长度为

$$q_s = 300/[39.5 + 2 \times \tan10° \times (21.5 + 1)] = 6.324\ m^3/(s \cdot m)$$

$$\Delta H' = 10.7 - 7.78 = 2.92(m)$$

河床为坚硬黏土,取 $k_s$ 为7.0

$$l_p = 7.0 \times \sqrt{6.324\sqrt{2.92}} = 23.01(m)$$

则取海漫长度为23.0 m。

式(3-21)适用于$\sqrt{q_s\sqrt{\Delta H'}}=1\sim9$,且消能扩散良好的情况。

### 3.2　海漫的布置及构造

海漫一般采用整体向下游倾斜的形式或将前 5 ~ 10 m 做成水平段,其顶面高程可与护坦齐平或在消力池尾槛顶以下 0.5 m,水平段后宜做成等于或缓于 1∶10 的斜坡,同时沿水流方向在平面上向两侧逐渐扩散,以便使水流均匀扩散,调整流速分布,保护河床不受冲刷。

海漫在构造上有以下要求:①有一定的粗糙度,以利进一步消除余能;②有一定的透水性,以降低扬压力;③有一定的柔性,以适应河床的变形。

常见的海漫形式有以下几种:

(1)干砌石海漫。常用在海漫的中后段即斜坡段。一般由粒径大于 30 cm 块石砌成,厚度为 0.3 ~ 0.5 m,下面铺设碎石、粗砂垫层,每层厚 10 ~ 15 cm,见图 3-11(a)。干砌石海漫的抗冲流速为 3 ~ 4 m/s。这种海漫的最大优点是能适应河床变形,透水性好。

(2)浆砌石海漫。一般用于海漫前 10 m 范围内。常以粒径大于 30 cm 的块石,用强度等级 M5 或 M8 的水泥砂浆砌筑而成,厚度为 0.4 ~ 0.6 m,砌石设排水孔,下面铺设反滤层或垫层,见图 3-11(b)。浆砌石海漫的抗冲流速可达 3 ~ 6 m/s,但柔性和透水性没有干砌石好。

(3)混凝土和钢筋混凝土海漫。整个海漫由边长为 2 ~ 5 m、厚度为 0.1 ~ 0.2 m 的板块拼铺而成,板中设有排水孔,下面铺设反滤层或垫层。其抗冲流速可达 6 ~ 10 m/s,但造价高。通常采用斜面式或垛式拼铺而成,以增加表面糙率。铺设时应注意顺水流流向不宜有通缝。

(4)铅丝石笼海漫,见图 3-11(c)。

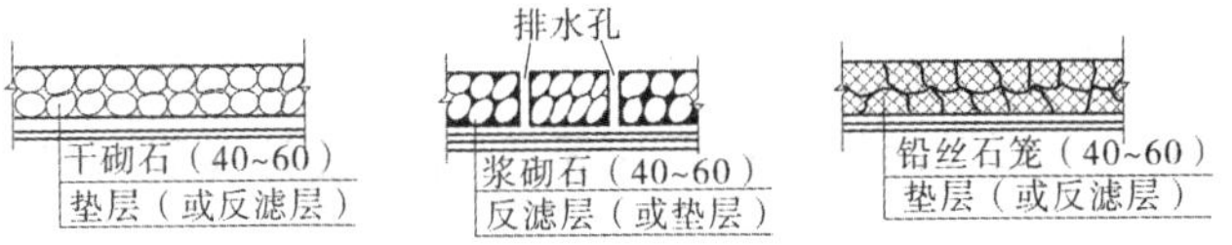


(a)干砌石海漫　(b)浆砌石海漫　(c)铅丝石笼海漫

**图 3-11　海漫的结构形式示意图**　(单位:cm)

## 4　防冲槽的设计

水流经过海漫后,多余能量得到进一步消除,但海漫末端处仍有冲刷现象。为保护海漫,常在海漫末端设置防冲槽。

防冲槽即在海漫末端挖槽抛填足够的粒径大于 30 cm 的块石,以便当水流冲刷河床形成冲坑时,槽内石块可沿着冲刷坑的上游斜坡陆续滚下,铺满整个上游斜坡,防止冲刷坑向上游扩展,保护海漫的安全,见图 3-12。

工程上多采用宽浅式梯形断面防冲槽,其深度要根据河床土质、海漫末端单宽流量和下游水深等因素综合确定,且不应小于海漫末端的河床冲刷深度。

海漫末端的河床冲刷深度根据式(3-22)计算:

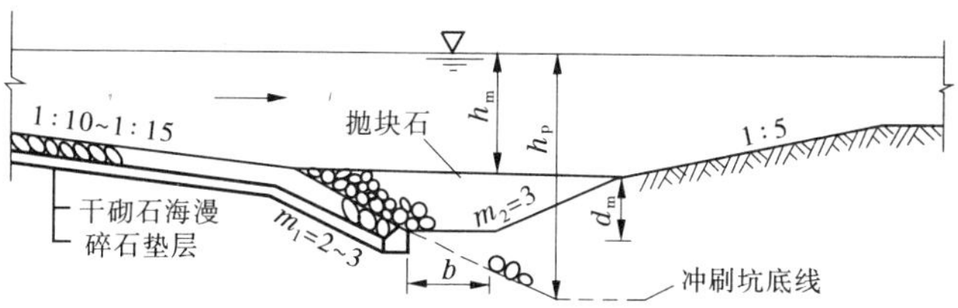


图3-12 抛石防冲槽

$$d_m = 1.1\frac{q_m}{[v_0]} - h_m \tag{3-22}$$

式中 $q_m$——海漫末端的单宽流量,$m^3/(m \cdot s)$;

$d_m$——海漫末端的河床冲刷深度,m;

$h_m$——海漫末端的河床水深,m;

$[v_0]$——河床土质允许不冲流速,m/s。

一般防冲槽的槽深为1.0~2.0 m,上、下游边坡坡度可采用1:2~1:4,两侧边坡坡度可与两岸河坡相同。

为了防止水流冲刷,必要时上游护底首端宜增设防冲槽(或防冲墙),其深度一般采用1.0 m即可。

本工程防冲槽设计如下:

(1)海漫末端河床冲刷深度为

$$d_m - 1.1 \times \frac{q_m}{[v_0]} - h_m$$

海漫末端的平均宽度:

$$\overline{B} = \frac{1}{2} \times (50 + 50 + 2 \times 2 \times 7.04) = 64.08(m)$$

$$q_m = 300/64.08 = 4.68(m^3/(s \cdot m))$$

对比较紧密的黏土地基,且水深大于3 m,$[v_0]$可取为1.1 m/s,$h_m$ =7.04 m,则:

$$d_m = 1.1 \times \frac{4.68}{1.1} - 7.04 = -2.36(m)$$

所以,$d_m<0$,表示海漫出口不形成冲刷坑,理论上可以不建防冲槽。但为了保护海漫头部,故在海漫末端建一防冲槽。

(2)防冲槽的构造。防冲槽为倒梯形断面,见图3-12。其底宽1.0 m、深1.0 m、边坡1:2,槽中抛以块石。

综上所列其布置图见图3-13。

## 5 上游河床和上下游岸坡的防护

为了避免水流对上游河床及上下游岸坡的冲刷,需要对上游河床和上下游岸坡进行防护。一般上游河床在靠近铺盖的一段需要防护,其长度一般为上游水深的3~5倍。上游岸坡在对应铺盖和护底的范围内都要进行防护。护底护坡在靠近铺盖和闸室的一段距

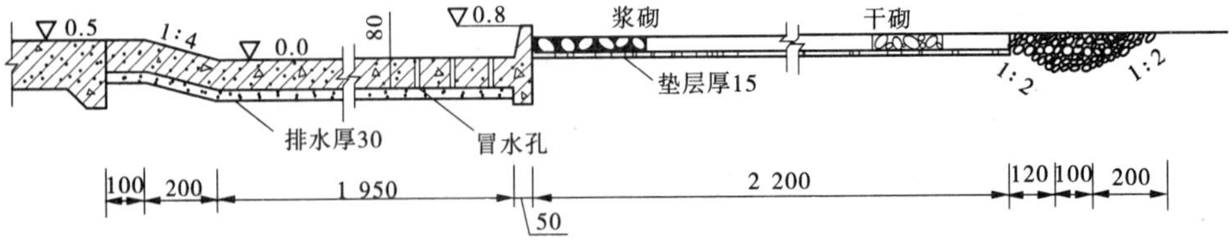


图 3-13 防冲槽构造图 (单位:cm)

离内,由于流速较大,防护材料一般都用浆砌块石,其他部分用干砌块石。下游岸坡的防护长度应大于河底防护长度,护坡材料同上游岸。

上下游护坡的顶部应在最高水位以上。砌石护坡、护底的厚度通常为 0.3 ~0.5 m,下面铺设卵石及砂垫层,厚度均为 10 cm,以防止岸坡土壤在水位降落时被渗透水流带出。护坡每隔 8 ~10 m 常设置混凝土埂(或浆砌石埂)一道,在护坡坡脚处应做混凝土齿墙嵌入土中,以增加护砌的稳定性。若护坡改用现浇混凝土,其厚度一般采用 0.2 ~0.3 m,寒冷地区宜加厚至 0.3 ~0.5 m,若改用预制混凝土板铺砌,其厚度一般采用 0.1 ~0.2 m。

近年来,有些水闸工程也有采用土工织物进行护岸和防冲的。防护用土工合成材料主要有无纺土工织物、织造土工织物、土工模袋等,具体设计和使用见《水利水电工程土工合成材料应用技术规范》(SL/T 225—1998)。

## 任务 3 防渗排水设计

水闸在上下游水位差作用下,水流将通过土的孔隙渗过闸底及两岸形成渗流。渗流的主要危害有:闸基渗流压力将降低闸室抗滑稳定性,绕渗不利于翼墙和边墩的侧向稳定;渗流将使土基产生渗透变形,有可能使闸基淘空、沉陷,严重时使水闸断裂和倒塌;渗流还会引起水量损失;地基内如有可溶性物质,渗流将会促使其溶解,也可能导致闸基破坏。防渗排水设计的目的是经济合理地确定水闸的地下轮廓线,并采取必要、可靠的防渗排水措施,以减小或消除渗流的不利影响,保证水闸安全。

水闸防渗排水设计的一般步骤是:①根据水闸作用水头的大小、地基地质条件和下游排水情况,初步拟定地下轮廓线;②进行渗流分析,计算闸底板渗透压力,并验算地基土的渗透稳定性;③若抗滑稳定和渗透稳定均满足要求,即可采用初拟的地下轮廓线;否则,应重新修改地下轮廓线。

### 1 地下轮廓线布置

#### 1.1 闸基防渗长度的确定

在上下游水位差 $H$ 的作用下,上游水从河床入渗,绕过上游铺盖、板桩、闸底板经过反滤层由排水孔排至下游。其中,铺盖、板桩和闸底板等不透水部分与地基的接触线,见图 3-14 中 0—1—2—3—…—16 的折线是闸基渗流的第一根流线,称为地下轮廓线,其长度即为闸基防渗长度(又称渗径长度)。

在工程规划和可行性研究阶段,初步拟定的闸基防渗长度可按式(3-23)计算。若在

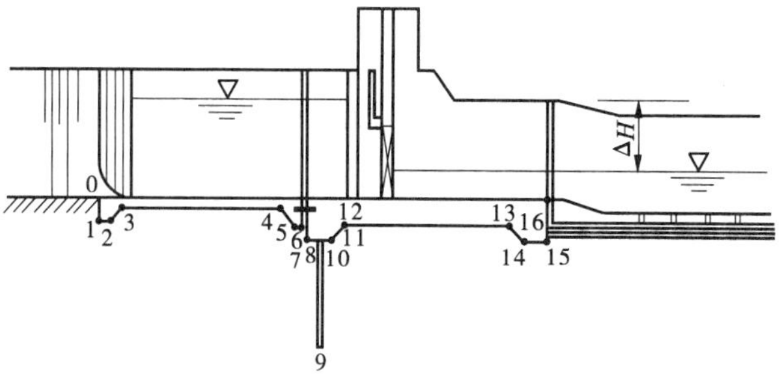


图 3-14　水闸地下轮廓线

工程初步设计或施工图设计阶段，按公式初拟的闸基防渗长度，还应采用改进阻力系数法校验：

$$L = C\Delta H \tag{3-23}$$

式中　$L$——闸基防渗长度，即闸基轮廓线防渗部分水平段和垂直段长度的总和，m；

$C$——允许渗径系数值，见表 3-2，当闸基设板桩时可采用表中规定值的小值；

$\Delta H$——上、下游水位差，m。

表 3-2 中对壤土和黏土以外的地基，只列出了有反滤层时的渗径系数，因为在这些地基上建闸，通常必须设反滤层。

## 1.2　闸基防渗排水布置

闸基防渗排水布置，即进行地下轮廓线布置，主要是进行闸基防渗排水轮廓线形状及尺寸的确定。布置方案应根据闸基地质条件和水闸上、下游水位差等因素，结合闸室、消能防冲和两岸连接布置进行综合分析，并可参考条件类似的已建水闸工程经验来确定。

表 3-2　渗径系数 $C$ 值

| 排水条件 | 地基类别 | | | | | | | | | |
|---|---|---|---|---|---|---|---|---|---|---|
| | 粉砂 | 细砂 | 中砂 | 粗砂 | 中砾细砾 | 粗砾夹砾石 | 轻粉质砂壤土 | 轻砂壤土 | 壤土 | 黏土 |
| 有反滤层 | 13 ~ 9 | 9 ~ 7 | 7 ~ 5 | 5 ~ 4 | 4 ~ 3 | 3 ~ 2.5 | 11 ~ 7 | 9 ~ 5 | 5 ~ 3 | 3 ~ 2 |
| 无反滤层 | — | — | — | — | — | — | — | — | 7 ~ 4 | 4 ~ 3 |

### 1.2.1　布置原则

闸基防渗排水布置总的原则是“高防低排”。“高防”就是在闸底板上游一侧布置铺盖、板桩、齿墙、混凝土防渗墙及灌浆帷幕等防渗设施，以延长渗径，减小作用在底板上的渗透压力，降低闸基渗流的平均坡降，并保证不超过允许的值，达到防渗的目的。“低排”就是在闸底板下游一侧布置排水设施，如排水孔（或排水井）、反滤层等，使地基渗水尽快地安全排出，以防渗流出口附近的土壤颗粒被渗透水流带走而发生渗透变形。同时减小闸底板上的渗透压力，增加闸室的抗滑稳定性。

### 1.2.2　布置方式

随地基情况不同，闸基防渗排水布置方式也不同，现分述如下。

1.2.2.1　黏性土地基

黏性土地基不易发生管涌,但摩擦力较小。所以,防渗布置应以降低闸基渗透压力、提高闸室的抗滑稳定性为主要目的。黏性土地基不打入板桩,以免破坏黏土的天然结构,造成集中渗流,因此防渗设施多采用不设板桩的平铺式布置,即在闸室上游侧设置防渗铺盖,闸室下游渗流出口处设置反滤层。排水设施可前移到闸底板下,以降低底板上的渗透压力并有利于黏性土的加速固结,见图3-15(a)。

当闸基为较薄的壤土层,其下卧层为深厚的相对透水层时,还应验算覆盖土层的抗渗、抗浮稳定性。必要时可在闸室下游设置深入相对透水层的排水井或排水沟,并采取防止被淤堵的措施。

1.2.2.2　砂性土地基

砂性土的摩擦系数较大而抗渗能力差,故防渗布置应以减少渗漏和防止渗透变形为主要目的。因此,要求渗径较长,一般上游宜采用铺盖结合垂直防渗体的布置形式。垂直防渗体宜布置在闸室底板的上游端。排水设施尽量向下游布设,并在渗流出口处铺设级配良好的反滤层。

当砂层较厚时,一般采用铺盖和在闸底板上游端设置悬挂式垂直防渗体的布置方式,见图3-15(b)。必要时还可在铺盖上游端再加设一道短的垂直防渗体。闸室下游渗流出口处应设反滤层。

当闸基为较薄的砂性土层或砂砾石层,其下卧层为深厚的相对不透水层时,闸室底板上游端宜设置板桩、截水槽或防渗墙,且嵌入不透水层的深度不得小于1.0 m,闸室下游渗流出口处应设反滤层,见图3-15(c)。

对于地震区的均匀粉砂、细砂地基,为防止液化,常在闸底板下将垂直防渗体布置成四周封闭的形式,见图3-15(d)。如水闸受双向水头作用,则上、下游均应设排水。

1.2.2.3　多层土地基

当闸基为薄层黏性土和砂性土互层,且含有承压水时,还应验算黏性土覆盖层的抗渗、抗浮稳定性。必要时,可在铺盖前端加设一道垂直防渗体,闸室下游设置深入透水层的排水浅井或排水沟,并采取防止被淤堵的措施,见图3-15(e)。

1.2.2.4　岩石地基

当闸基为岩石地基时,可根据防渗需要在闸底板上游端设水泥灌浆帷幕,其后设排水孔。

## 2　防渗排水设施设计

水闸的防渗设施包括水平防渗设施(铺盖)和垂直防渗设施(板桩、齿墙、防渗墙、灌注式水泥砂浆帷幕、高压喷射灌浆帷幕及防渗土工膜等),而排水设施则是指铺设在护坦、浆砌石海漫底部或闸底板下游段起导渗作用的砂砾石层。排水体常与反滤层结合使用。

### 2.1　铺盖

铺盖应有可靠的不透水性及一定的柔性,以适应地基变形,保证防渗作用。实际工程中常用黏土、混凝土、钢筋混凝土或土工膜等材料做防渗铺盖。铺盖长度可根据闸基防渗

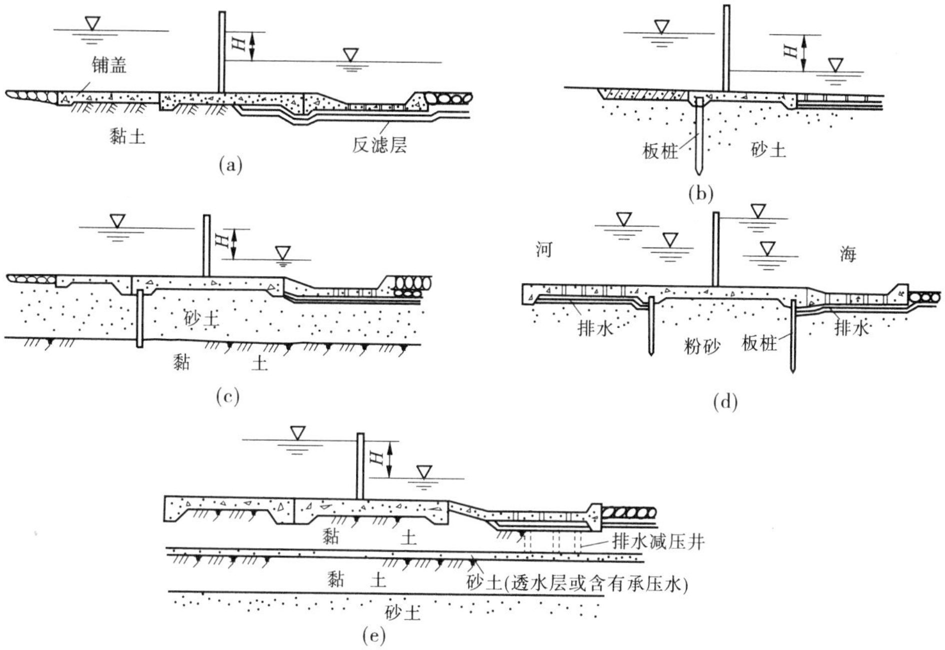


图3-15　水闸地下轮廓线布置示意图

需要确定,一般取上下游最大水位差的3~5倍。

### 2.1.1　黏土或壤土铺盖

要求铺盖渗透系数比地基渗透系数至少要小100倍。铺盖的厚度应根据铺盖土料的允许水力坡降值计算确定,上游端的最小厚度不宜小于0.6 m,逐渐向闸室方向加厚,且任一截面厚度不应小于1/4~1/6该计算断面顶底面的水头差值。为了防止铺盖在施工期被损坏和运用时被水流冲刷,其上面应设置厚0.3~0.5 m的干砌块石或混凝土板保护层,保护层与铺盖间设置一层或两层砂砾石垫层。

铺盖与底板连接处为防渗薄弱部位,通常的处理措施是:在该处将铺盖加厚;将底板前端做成倾斜面,使黏土能借自重及其上的荷载与底板紧贴;在连接处铺设油毛毡等止水材料,一端用螺栓固定在斜面上,另一端埋入黏土中,见图3-16。

### 2.1.2　混凝土或钢筋混凝土铺盖

如当地缺乏黏土、黏壤土或要用铺盖兼作阻滑板以提高闸室抗滑稳定性时,可采用混凝土或钢筋混凝土铺盖,见图3-17。其厚度一般根据构造要求确定,最小厚度不宜小于0.4 m,一般做成等厚度形式。为了减小地基不均匀沉降和温度变化的影响,其顺水流方向应设永久缝,缝距可采用8~20 m,地质条件好的取大值,靠近翼墙的铺盖缝距宜采用小值。

铺盖与闸底板、翼墙之间也要分缝。缝宽可采用2~3 cm,缝内均应设止水。混凝土铺盖中应配置构造筋,对于起阻滑作用的钢筋混凝土铺盖则要根据受力情况配置受拉钢筋。受拉钢筋与闸室在接缝处应采用铰接的构造形式。铺盖的混凝土强度等级一般不低于C20。

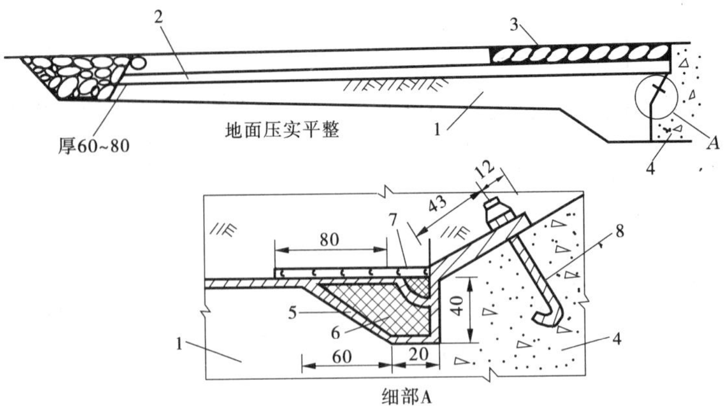


1—黏土铺盖;2—垫层;3—浆砌石保护层;4—闸底板;5—沥青麻袋;
6—沥青填料;7—木盖板;8—斜面螺栓

**图 3-16 黏土铺盖的细部构造** (单位:cm)

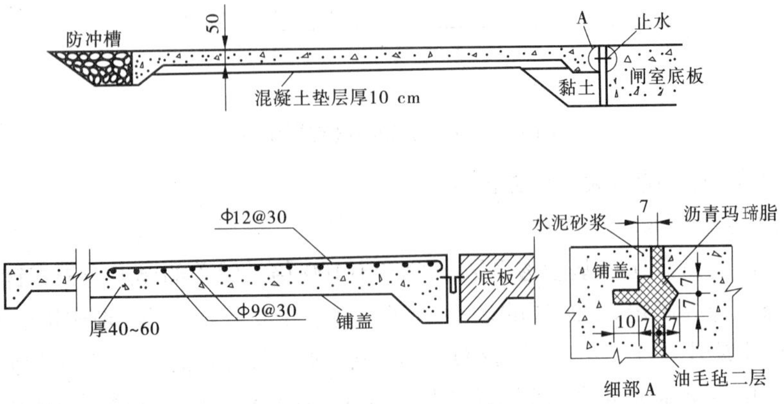


**图 3-17 混凝土及钢筋混凝土铺盖构造** (单位:cm)

### 2.1.3 土工膜防渗铺盖

水闸防渗铺盖也可用土工膜代替传统的弱透水土料。用于防渗的土工合成材料主要有土工膜或复合土工膜,其厚度应根据作用水头、膜下土体可能产生裂隙宽度、膜的应变和强度等因素确定,但不宜小于0.5 mm。土工膜上应设保护层。

## 2.2 板桩

板桩一般设在闸底板的上游端或铺盖的前端,以增加渗透途径,降低渗透压力;有时也将短板桩设在闸底板的下游侧,以减小渗流出口坡降,防止出口处土壤产生渗透变形。

根据所用材料不同,板桩可分为钢筋混凝土板桩、钢板桩及砂浆板桩、木板桩等几种。目前采用最多的是钢筋混凝土板桩,考虑防渗要求、结构刚度要求和打桩设备条件,其最小厚度不宜小于0.2 m,宽度不宜小于0.4 m;其入土深度多数采用3~5 m,最长达8 m。板桩之间应采用梯形榫槽连接,它适合于各种地基。

板桩与闸室连接形式有两种:一种是把桩板紧靠底板前缘,顶部嵌入黏土铺盖一定深度;另一种是把板桩顶部嵌入底板底面特设的凹槽内,桩顶填塞可塑性较大的不透水材料，见图3-18。前者适用于闸室沉降量较大，而板桩尖已插入坚实土层的情况；后者则适用于闸室沉降量小，而板桩尖未达到坚实土层的情况。

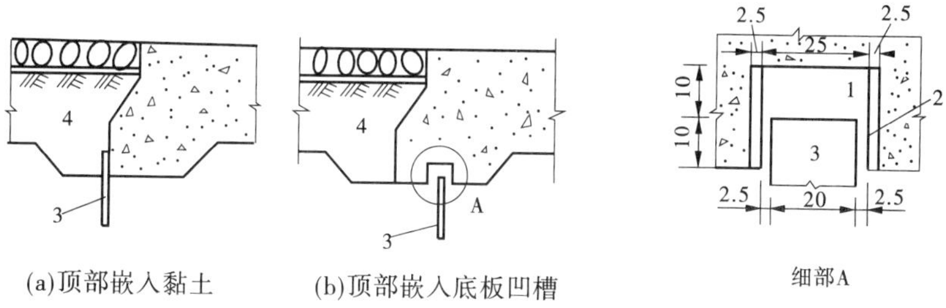


1—沥青；2—预制挡板；3—板桩；4—铺盖

**图3-18 板桩与底板的连接** （单位：cm）

### 2.3 齿墙及混凝土防渗墙

闸底板的上下游端一般都设有浅齿墙，辅助防渗，并有利于抗滑。齿墙深度一般为0.5～1.5 m，最大不宜超过2.0 m。当地基为粒径较大的砂砾石、卵石，不宜打板桩时，可采用深齿墙或混凝土防渗墙。混凝土防渗墙的厚度主要根据成槽器开槽尺寸确定，其厚度一般不小于0.2 m，否则混凝土浇筑较难，影响工程质量。

### 2.4 水泥砂浆帷幕、高压喷射灌浆帷幕及垂直防渗土工膜

近年来，国内逐渐推广使用灌注式水泥砂浆帷幕和高压喷射灌浆帷幕等垂直防渗体形式，根据防渗要求和施工条件，它们的最小厚度一般不宜小于0.1 m。

当地基内强透水层埋深在开槽机能力范围内（一般在12 m内），且透水层中大于5 cm的颗粒含量不超过10%（以重量计）、水位能满足泥浆固壁的要求时，也可考虑采用土工膜垂直防渗方案。地下垂直防渗土工膜可采用聚乙烯土工膜、复合土工膜或防水塑料板等。根据经验，其最小厚度一般不宜小于0.25 mm，太薄可能产生气孔，且在施工中容易受损，防渗效果不好。重要工程可采用复合土工膜，其厚度不宜小于0.5 mm。

### 2.5 排水设施

闸基设置排水设施的目的是将闸底渗透水流尽快排到下游，以减小渗透压力。因此，要求排水设施透水性好，并与下游畅通。排水形式通常有以下几种。

#### 2.5.1 平铺式排水

土基水闸一般采用平铺式排水，即在护坦和浆砌石海漫的底部或伸入底板下游齿墙稍前方，平铺粒径为1～2 cm的砾石、碎石或卵石等透水材料而成，其厚为0.2～0.3 m。为防止地基土的细颗粒被渗流带入排水，应在排水和地基土的接触面处设置反滤层。水闸设计多将反滤层中粒径最大的一层适当加厚，构成排水体，见图3-19。

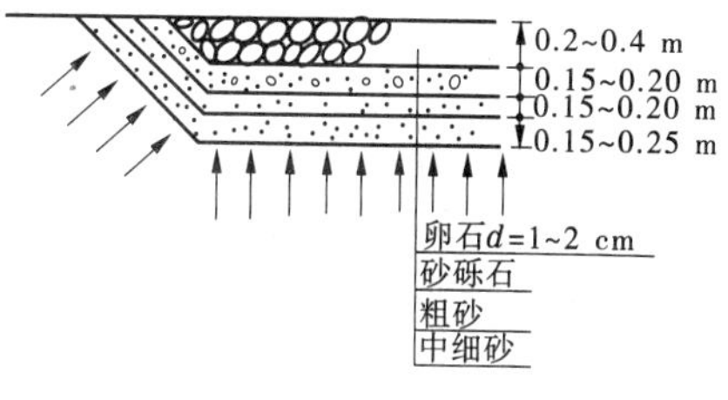


**图3-19 反滤层**

#### 2.5.2 垂直排水

在地基内有承压水层时，用垂直排水可有效地降低承压水头。垂直排水和土的接触面应设置反滤层，以防产生渗透变形。垂直排水的形式有排水沟和排水井。排水沟的宽度应随透水层的厚度增大而加宽，一般不宜小于 2.0 m。排水沟内应按反滤层结构要求铺设导渗层，排水沟的深度取决于导渗层需要的厚度。

排水井的井深和井距应根据透水层埋藏深度及厚度合理确定，井管内径不宜小于 0.2 m。一般采用 0.2 ~0.3 m 时，减压效果最佳。滤水管的开孔率应满足出水量要求，管外应设反滤层。

#### 2.5.3 水平带状排水

水平带状排水多用于岩基。

## 3 本工程地下轮廓设计

对于黏性土地基，通常不采用垂直板桩防渗。所以，地下轮廓主要包括底板、防渗铺盖和板桩。

### 3.1 底板

底板既是闸室的基础，又兼有防渗、防冲刷的作用。它既要满足上部结构布置的要求，又要满足稳定及本身的结构强度等要求。

#### 3.1.1 底板顺水流方向的长度 $L$

为了满足上部结构布置的要求，$L$ 必须大于交通桥宽、工作桥宽、工作便桥宽及其之间间隔的总和，即 $L$ 约为 12.0 m。

从稳定和地基承载力的要求考虑，$L$ 可按经验公式估算：

$$L = (H + 2h + a)(1 + 0.1\Delta H)K$$

因为 $H = 10.25$ m，$2h = 0.5$ m，$a = 0.5$ m，$\Delta H = 3.7$ m，$K = 1.0$，则 $L = 15.34$ m。

综上所述，取底板顺水流方向长度 $L$ 为 16 m。

#### 3.1.2 底板厚度 $d$

根据经验，底板厚度为$\frac{1}{5} \sim \frac{1}{7}$单孔净跨，初拟 $d = 1.2$ m。

#### 3.1.3 底板构造

底板采用钢筋混凝土构造，混凝土强度等级为 C13。上下游两端各设 0.5 m 深的齿墙嵌入地基。底板分缝中设以 V 形铜止水片。

### 3.2 铺盖

铺盖采用钢筋混凝土结构，其长度一般为 2 ~4 倍闸上水头或 3 ~5 倍上下游水位差，拟取 20 m，铺盖厚度为 0.4 m。铺盖上游端设 0.5 m 深的小齿墙，其头部不再设防冲槽。为了防止上游河床的冲刷，铺盖上游设块石护底，厚 0.3 m，其下设 0.2 m 厚的砂石垫层。

### 3.3 侧向防渗

侧向防渗主要靠上游翼墙和边墩。上游翼墙为曲面式反翼墙，收缩角取 15°，延伸至铺盖头部以半径为 6.6 m 的圆弧插入岸坡。

### 3.4 排水、止水

为了减小作用于闸底板上的压力，在整个消力池底板下部设砂砾石排水，其首部紧抵闸底板下游齿墙。闸底板与铺盖、铺盖与上游翼墙、上游翼墙与边墙之间的永久性缝中，均设铜片止水。闸底板与消力池、消力池与下游翼墙、下游翼墙与边墩之间的永久性分缝，虽然没有防渗要求，但为了防止闸基土与墙后填土被水流带出，缝中铺贴沥青油毛毡。

### 3.5 防渗长度验算

#### 3.5.1 闸基防渗长度

必需的防渗长度为

$$L = C\Delta H = 3.7C$$

当反滤有效时，$C=3$；当反滤失效时，$C=4$。因此，$L=11.1\sim14.8$ m。

实际闸基防渗长度：

$$L' = 0.4 + 0.5 + 0.7 + 19 + 1.3 + 1.0 + 0.7 + 13 + 0.7 + 1.0 + 0.7 = 39.0(\text{m})$$

所以，$L'>L$，满足防渗要求。

#### 3.5.2 绕流防渗长度

必需的防渗长度为

$L=C\Delta H$，$\Delta H=3.7$ m，$C=7$（回填土为砂土，且无反滤），因此 $L=25.9$ m。

实际防渗长度：

$$L' = \frac{20}{\cos15^\circ} + 16 = 36.7(\text{m})$$

所以 $L'>L$，满足防渗要求。

其地下轮廓布置见图3-20。

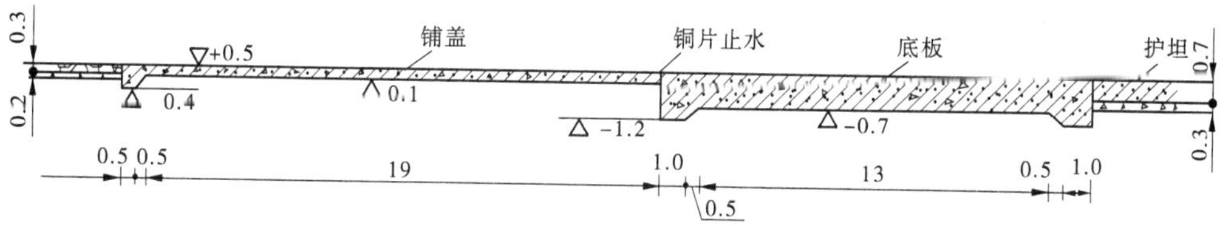


图3-20 地下轮廓布置 （单位：m）

## 4 闸基渗流计算

闸基渗流计算的目的是计算闸底板及护坦的渗透压力和渗透坡降，并判定初拟的地下轮廓线是否满足抗滑稳定和渗透稳定的要求；否则，地下轮廓线要重新修改。岩基上采用全截面直线分布法进行计算。土基闸基渗流计算的基本方法可采用改进阻力系数法和流网法。由于直线比例法具有一定的实践基础，又很简单，所以在小型水闸设计中仍有应用。

### 4.1 全截面直线分布法

岩基上水闸基底渗透压力计算采用全截面直线分布法，计算时分两种情况考虑：

（1）当岩基上水闸闸基未设水泥灌浆帷幕和排水孔时，闸底板底面上游端的渗压力作用水头为 $H-h_s$，下游端为零，其压力强度分布见图3-21(a)。

（2）当岩基上水闸闸基设有水泥灌浆帷幕和排水孔时，闸底板底面上游端的渗透压

力作用水头为 $H-h_s$，排水孔中心线处为 $\alpha(H-h_s)$，$\alpha$ 为渗透压力强度系数，可取用0.25，下游端为零。其压力强度分布见图 3-21(b)。

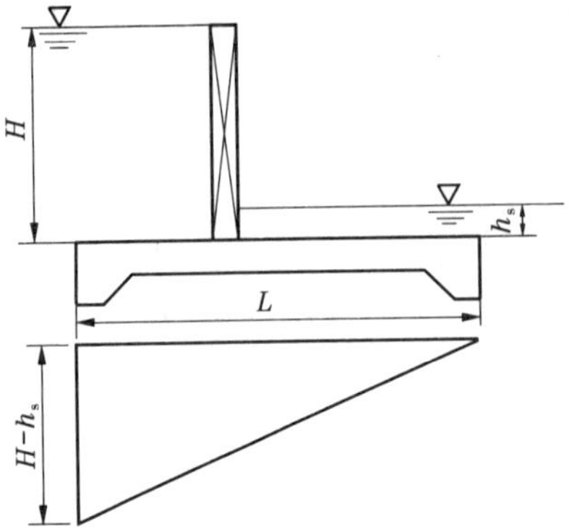

(a)未设水泥灌浆帷幕和排水孔情况

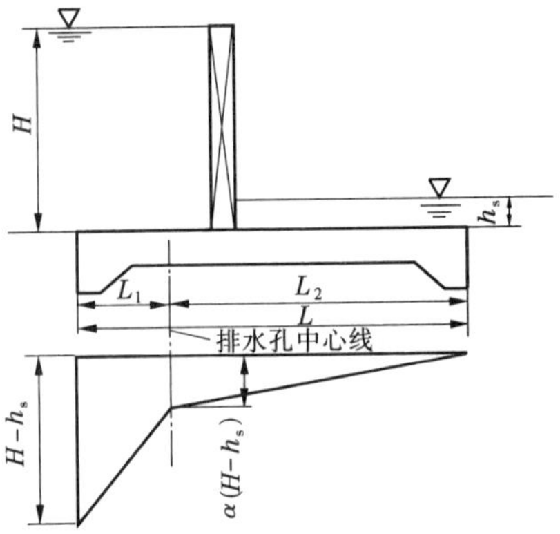

(b)设有水泥灌浆帷幕和排水孔情况

**图 3-21　全截面直线分布法渗透压力**

依据渗透压强分布图形，可计算出作用在闸底板底面上的渗透压力值。

### 4.2　改进阻力系数法

改进阻力系数法是在阻力系数法的基础上发展起来的，这两种方法的基本原理非常相似。主要区别是改进阻力系数的渗流区划分比阻力系数法多，在进出口局部修正方面考虑得更详细。因此，改进阻力系数法是一种精度较高的近似计算方法。

#### 4.2.1　基本原理

如图 3-22 所示，有一简单的矩形渗流区，渗流段长度为 $L$，透水层厚度为 $T$，地基渗透系数为 $K$，两断面间的水头差为 $h$。根据达西定律，渗流区的单宽流量 $q$ 为

$$q = K\frac{h}{L}T \tag{3-24}$$

令 $L/T=\zeta$，则得

$$h = \zeta\frac{q}{K} \tag{3-25}$$

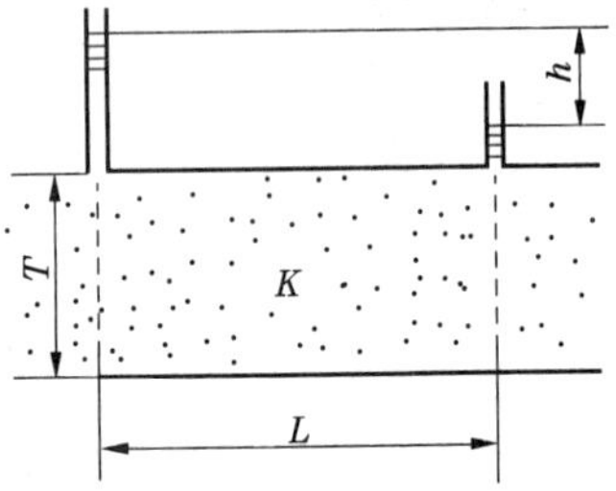

**图 3-22　改进阻力系数法原理图**

式中　$\zeta$——阻力系数，$\zeta$ 值仅与渗流区的几何形状有关，它是渗流边界条件的函数。

对于复杂的地下轮廓线，需要把整个渗流区大致按等势线位置分成若干个典型流段，每个典型渗流段都可利用解析法或试验法求得阻力系数 $\zeta$，其计算公式见表 3-3。如图 3-23(a)所示的简化地下轮廓线，可由水闸的地下轮廓线上各角隅点 2、3、4…引出等势线(示意)，将渗流区域划分成 10 个典型流段，并按表 3-3 的公式计算出各段的 $\zeta_i$，再由式(3-28)计算得出任一典型流段的水头损失 $h_i$。

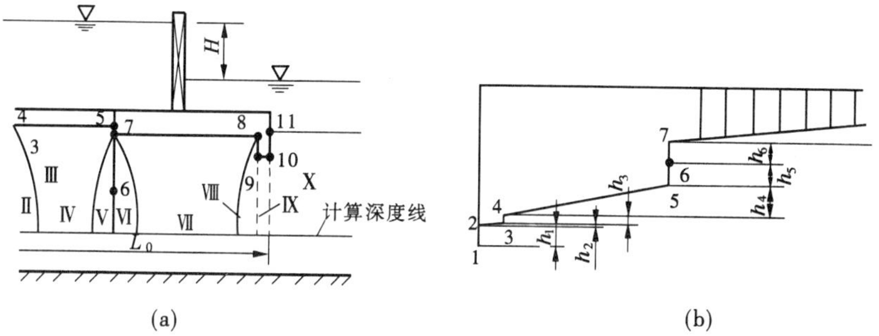


图 3-23 改进阻力系数法渗透压力计算图

表 3-3 典型流段的阻力系数

| 区段名称 | 阻力系数 $\zeta$ 的计算公式 |
|---|---|
| 进口段与出口段 | $\zeta_0 = 1.5\left(\frac{S}{T}\right)^{\frac{3}{2}} + 0.441$ |
| 内部垂直段 | $\zeta_y = \frac{2}{\pi}\ln\cot\left[\frac{\pi}{4}\left(1-\frac{S}{T}\right)\right]$ |
| 内部水平段 | $\zeta_x = \frac{L-0.7(S_1+S_2)}{T}$ |

注:$S$ 为板桩或齿墙的入土深度;$T$ 为地基透水层深度;$L$ 为内部水平段的长度。

对于不同的典型段,$\zeta$ 值是不同的,而根据水流的连续原理,各段的单宽渗流量应该相同。所以,各段的 $q/K$ 值相同,而总水头 $H$ 应为各段水头损失的总和,于是得:

$$h_i = \frac{\zeta_i q}{K} \tag{3-26}$$

$$H = \sum_{i=1}^{n} h_i = \sum_{i=1}^{n} \zeta_i \frac{q}{K} = \frac{q}{K}\sum_{i=1}^{n} \zeta_i \tag{3-27}$$

将式(3-26)代入式(3-27)得各段的水头损失为

$$h_i = \frac{\zeta_i}{\sum\limits_{i=1}^{n} \zeta_i} H \tag{3-28}$$

求出各段的水平损失后,再由出口处向上游方向依次叠加,即得各段分界点的渗压水头及其他渗流要素。以直线连接各分段计算点的水头值,即得渗透压力强度分布图,见图 3-23(b)。

### 4.2.2 计算步骤

(1)确定地基有效深度 $T_e$(从各等效渗流段地下轮廓最高点垂直向下算起的地基透水层有效深度),可按式(3-29)计算:

当 $\frac{L_0}{S_0} \geqslant 5$ 时 $$T_e = 0.5L_0$$

当 $\frac{L_0}{S_0} < 5$ 时 $$T_e = \frac{5L_0}{1.6\frac{L_0}{S_0} + 2} \tag{3-29}$$

式中 $L_0$——地下轮廓线的水平投影长度,m;

$S_0$——地下轮廓线的垂直投影长度,m。

当计算的 $T_e$ 大于地基实际深度时,$T_e$ 值应按地基实际深度采用。

(2)按地下轮廓形状将渗流区分成若干个典型渗流区域,利用表 3-3 计算各段的阻力系数 $\zeta_i$,并计算各段的 $h_i$。

(3)用直线连接相邻拐点的渗压水头,便可绘出渗透压强分布图。

(4)对进、出口段水头损失值和渗透压力强度分布图进行局部修正,如图 3-24(a)所示,进、出口段修正后的水头损失值可按式(3-30)计算:

$$h_0' = \beta' h_0 \tag{3-30}$$

其中

$$h_0 = \sum_{i=1}^{n} h_i \tag{3-31}$$

$$\beta' = 1.21 - \frac{1}{\left[12\left(\frac{T'}{T}\right)^2 + 2\right]\left(\frac{S'}{T} + 0.059\right)} \tag{3-32}$$

式中 $h_0'$——进、出口段修正后的水头损失值,m;

$h_0$——进、出口段水头损失值,m;

$\beta'$——阻力修正系数,当计算的 $\beta' \geqslant 0$ 时,采用 $\beta' = 0$;

$S'$——底板埋深与板桩入土深度之和,m;

$T'$——板桩另一侧地基透水层深度,m。

修正后的水头损失的减小值 $\Delta h$ 可按式(3-33)计算:

$$\Delta h = (1 - \beta')h_0 \tag{3-33}$$

水力坡降呈急变形式的长度 $L_x'$ 可按式(3-34)计算:

$$L_x' = \frac{\Delta h T}{\frac{\Delta H}{\sum_{i=1}^{n} \zeta_i}} \tag{3-34}$$

出口段渗透压力强度分布图可按图 3-24(b)方法进行修正。$QP'$ 为原有水力坡降,由式(3-33)计算的 $\Delta h$ 和式(3-34)计算的 $L_x'$ 值,分别定出 $P$ 点和 $O$ 点,连接 $QPO$,即为修正后的水力坡降线。

进、出口段齿墙不规则部位可按下列方法进行修正,见图 3-25。

当 $h_x > \Delta h$ 时,可按式(3-35)修正:

$$h_x' = h_x + \Delta h \tag{3-35}$$

式中 $h_x$、$h_x'$——水平段和修正后水平段的水头损失值,m。

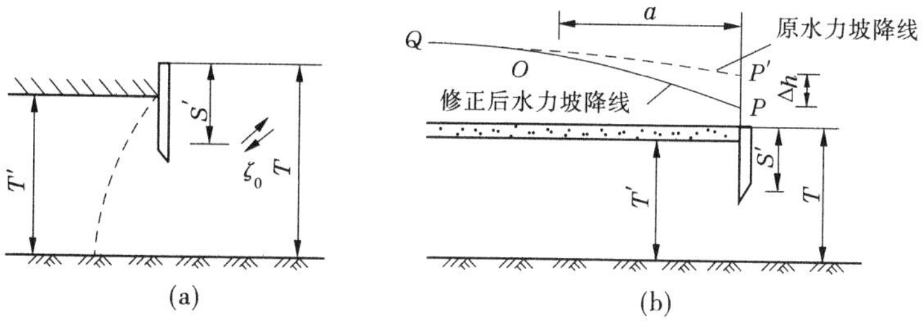


图 3-24 进、出口段渗压修正示意图

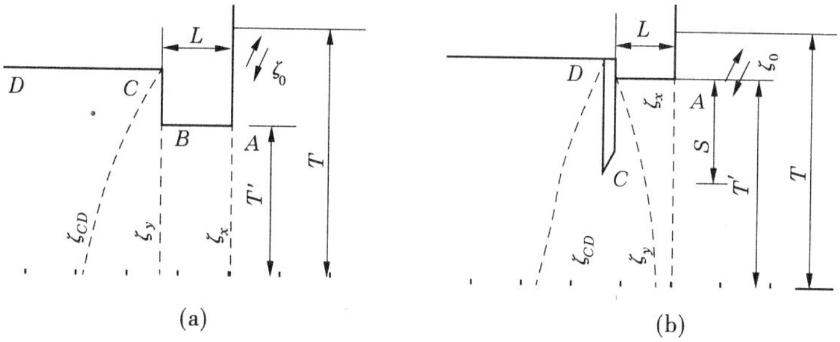


图 3-25 进、出口段齿墙不规则部位修正示意图

当 $h_x < \Delta h$ 时，可按下列两种情况分别进行修正：

①若 $h_x + h_y \geqslant \Delta h$，可按式(3-36)、式(3-37)进行修正：

$$h'_x = 2h_x \tag{3-36}$$

$$h'_y = h_y + \Delta h - h_x \tag{3-37}$$

式中 $h_y$、$h'_y$——内部垂直段和修正后内部垂直段的水头损失值，m。

②若 $h_x + h_y < \Delta h$，可按式(3-38)、式(3-39)进行修正：

$$h'_y = 2h_y \tag{3-38}$$

$$h'_{CD} = h_{CD} + \Delta h - (h_x + h_y) \tag{3-39}$$

式中 $h_{CD}$、$h'_{CD}$——图 3-25 中 $CD$ 段的水头损失和修正后 $CD$ 段的水头损失值，m。

以直线连接修正后的各分段计算点的水头值，即得修正后的渗透压力强度分布图形。

(5)出口段渗流坡降值，可按式(3-40)计算：

$$J = \frac{h'_0}{S'} \tag{3-40}$$

出口段和水平段的渗流坡降要满足表 3-4 的允许渗流坡降的要求，才能防止地基土的渗透变形。

表 3-4　出口段和水平段的允许渗流坡降[J]值

| 分段 | 地基类别 | | | | | | | | | | |
|---|---|---|---|---|---|---|---|---|---|---|---|
| | 粉砂 | 细砂 | 中砂 | 粗砂 | 中砾、细砾 | 粗砾夹卵石 | 砂壤土 | 壤土 | 软壤土 | 坚硬黏土 | 极坚黏土 |
| 水平段 | 0.05 ~ 0.07 | 0.07 ~ 0.10 | 0.10 ~ 0.13 | 0.13 ~ 0.17 | 0.17 ~ 0.22 | 0.22 ~ 0.28 | 0.15 ~ 0.25 | 0.25 ~ 0.35 | 0.30 ~ 0.40 | 0.40 ~ 0.50 | 0.50 ~ 0.60 |
| 出口段 | 0.25 ~ 0.30 | 0.30 ~ 0.35 | 0.35 ~ 0.40 | 0.40 ~ 0.45 | 0.45 ~ 0.50 | 0.50 ~ 0.55 | 0.40 ~ 0.50 | 0.50 ~ 0.60 | 0.60 ~ 0.70 | 0.70 ~ 0.80 | 0.80 ~ 0.90 |

**注：**当渗流出口处设反滤层时，表中数值可加大 30%。

## 4.3　直线比例法（渗径系数法）

直线比例法的原理是假定渗流沿地下轮廓线流动时，其渗透水头是成直线比例逐渐减小的，即沿程渗透坡降的大小都是相同的，见图 3-26。因此，当总水头 $H$ 及防渗长度 $L$ 已定时，便可按直线比例关系求出防渗长度上各点（沿地下轮廓上各点）的渗透压力水头值。此法计算精度不高，特别是用该法进行渗透压力及出逸坡降计算时，误差较大。

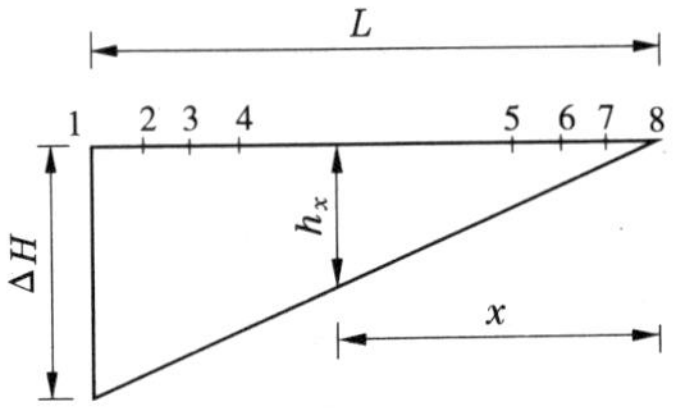


图 3-26　直线比例法计算

按照防渗长度确定的方法不同，直线比例法又分为勃莱法和莱因法两种。

### 4.3.1　勃莱法

将地下轮廓线予以展开，按比例绘一直线，在渗流开始点 1 作一长度为 $\Delta H$ 的垂线，并由垂线顶点用直线和渗流逸出点 8 相连，即得地下轮廓线展开成直线后的渗透压力分布图。距地下轮廓线下游端为 $x$ 处的渗透压力 $h_x$ 可按式(3-41)计算：

$$h_x = \frac{\Delta H}{L}x \tag{3-41}$$

### 4.3.2　莱因法

根据工程实践，莱因法认为水平渗径不如铅直渗径的防渗效果好，并认为后者的防渗效能为前者的 3 倍。在防渗长度展开为一直线时，应将水平渗径除以 3，再与垂直渗径相加，即得折算后的防渗长度，然后按式(3-41)计算。

# 项目4 闸室稳定分析

水闸的闸室,要求在施工、运行、检修等各个时期,都不产生过大沉降或沉降差,不致沿地基表面发生水平滑动,不致因基底压力的作用使地基发生剪切破坏而失稳。因此,必须验算闸室在刚建成、运行、施工以及检修不同工作情况下的稳定性。对于孔数较少而未分缝的小型水闸,可取整个闸室(包括边墩)作为验算单元;对于孔数较多设有沉降缝隙的水闸,则应取两缝之间的闸室单元进行验算。

某R闸闸室结构布置及计算简图见图4-1。

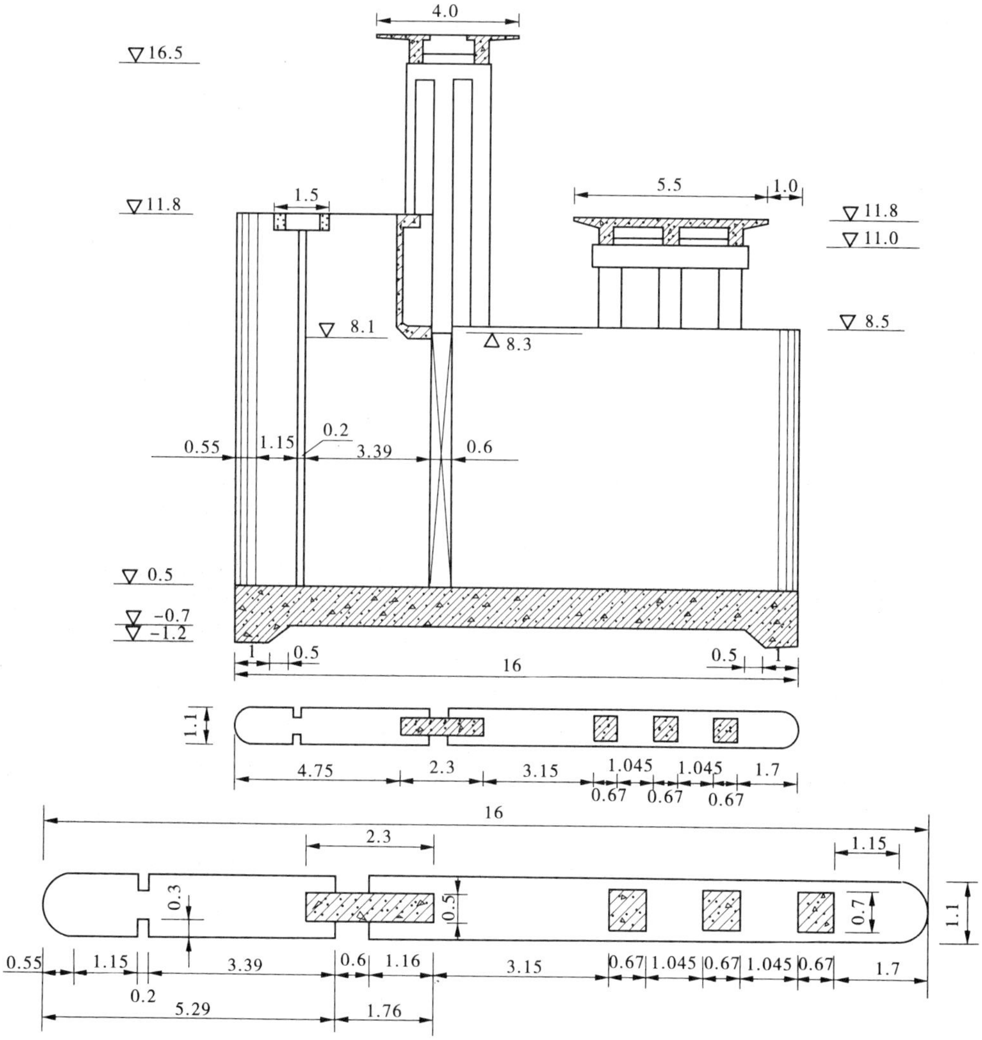


图4-1 某闸室结构布置及计算简图 (单位:m)

# 任务 1　荷载计算及荷载组合

## 1　荷载计算

作用在水闸上的荷载主要有自重、水重、水平水压力、扬压力、浪压力、土压力、淤沙压力等。

### 1.1　自重

自重是指水闸结构及其上部填料和永久设备的重量，应按其几何尺寸及材料重度计算确定，闸门、启闭机及其他永久设备应尽量采用实际重量。

### 1.2　水重

水重是指闸室范围内作用在底板顶面以上的水体重量，应按其实际体积及水的重度计算确定。多泥沙河流上的水闸，还应考虑含沙量对水的重度的影响。

### 1.3　水平水压力

水平水压力是指作用在胸墙、闸门及闸墩上的水平水压力。上下游的水平水压力数值不同，方向相反。

作用在铺盖与底板连接处的水平水压力因铺盖所用材料不同而略有差异：

(1) 对于黏土铺盖，如图 4-2(a) 所示，$a$ 点处按静水压强计算，$b$ 点处则取该点的扬压力强度值，两点之间以直线相连进行计算。

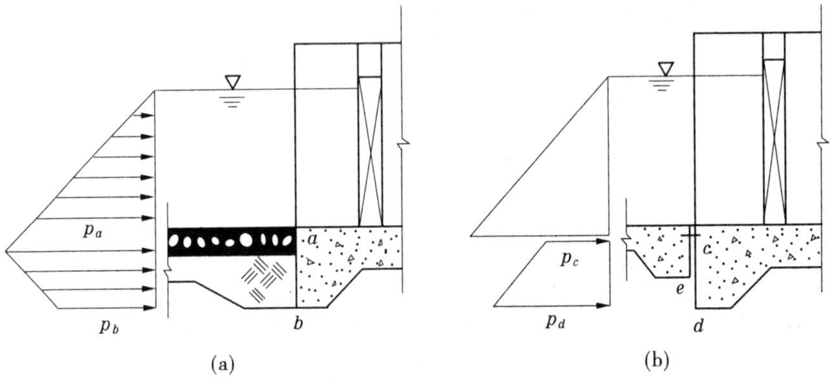


图 4-2　水平水压力计算图

(2) 当为混凝土或钢筋混凝土铺盖时，如图 4-2(b) 所示，止水片以上的水平水压力仍按静水压力分布计算，止水片以下按梯形分布计算，$c$ 点的水平水压力强度等于该点的浮托力强度值加上 $e$ 点的渗透压力强度值，$d$ 点则取该点的扬压力强度值，$c$、$d$ 点之间按直线连接计算。

### 1.4　扬压力

扬压力是指作用在底板底面的渗透压力及浮托力之和。

### 1.5　浪压力

波长、波高和波浪中心线高出静水位高度等波浪要素的计算按莆田实验站法进行；根据风区范围内平均水深、波浪破碎的临界水深及半波长之间的关系，判别属深水波、浅水波或破碎波，分别用相应公式进行浪压力计算。

### 1.6 土压力

土压力应根据填土性质、挡土高度、填土内的地下水位、填土顶面坡角及超载等计算确定。对于向外侧移动或转动的挡土结构，可按主动土压力计算；对于保持静止不动的挡土结构，可按静止土压力计算。

### 1.7 淤沙压力

淤沙压力应根据水闸上、下游可能淤积的厚度及泥沙容重计算确定。

作用在水闸上的地震荷载、冰压力、土的冻胀力及其他荷载的计算可具体见《水闸设计规范》(SL 265—2001)。施工中各个阶段的临时荷载应根据工程实际情况确定。

## 2 荷载组合

设计水闸时，应将可能同时作用的各种荷载进行组合。荷载组合分为基本组合与特殊组合两类。基本组合由基本荷载组成；特殊组合由基本荷载和一种或几种特殊荷载组成。但地震荷载只允许与正常蓄水位情况下的相应荷载组合。每种组合中所包含的计算情况及每种情况中所涉及的荷载见表4-1。

表4-1 水闸荷载组合表

| 荷载组合 | 计算情况 | 荷载 | | | | | | | | | | | | 说明 |
|---|---|---|---|---|---|---|---|---|---|---|---|---|---|---|
| | | 自重 | 水重 | 静水压力 | 扬压力 | 土压力 | 淤沙压力 | 风压力 | 浪压力 | 冰压力 | 土的冻胀力 | 地震荷载 | 其他 | |
| 基本组合 | 完建情况 | √ | — | — | — | √ | — | — | — | — | — | — | √ | 必要时，可考虑地下水产生的扬压力 |
| | 正常蓄水位情况 | √ | √ | √ | √ | √ | √ | √ | √ | — | — | — | √ | 按正常蓄水位组合计算水重、静力压力、扬压力、浪压力 |
| | 设计洪水位情况 | √ | √ | √ | √ | √ | √ | √ | √ | — | — | — | — | 按设计洪水位组合计算水重、静力压力、扬压力、浪压力 |
| | 冰冻情况 | √ | √ | √ | √ | √ | √ | √ | — | √ | √ | — | √ | 按正常蓄水位组合计算水重、静力压力、扬压力、浪压力 |

续表 4-1

| 荷载组合 | 计算情况 | 荷载 | | | | | | | | | | | | 说明 |
|---|---|---|---|---|---|---|---|---|---|---|---|---|---|---|
| | | 自重 | 水重 | 静水压力 | 扬压力 | 土压力 | 淤沙压力 | 风压力 | 浪压力 | 冰压力 | 土的冻胀力 | 地震荷载 | 其他 | |
| 特殊组合 | 施工情况 | √ | — | — | — | √ | — | — | — | — | — | — | √ | 应考虑施工过程中各个阶段的临时荷载 |
| | 检修情况 | √ | — | √ | √ | √ | √ | √ | √ | — | — | — | √ | 按正常蓄水位组合(必要时可按设计洪水位组合或冬季低水位条件)计算静水压力、扬压力、浪压力 |
| | 校核洪水位情况 | √ | √ | √ | √ | √ | √ | √ | √ | — | — | — | — | 按校核洪水位组合计算水重、静水压力、扬压力、浪压力 |
| | 地震情况 | √ | √ | √ | √ | √ | √ | √ | √ | — | — | √ | — | 按正常蓄水位组合计算水重、静水压力、扬压力、浪压力 |

注:"其他"为其他出现机会较多的荷载等。

# 任务2 闸室稳定计算

## 1 闸室基底应力

闸室基底应力应满足:在各种计算情况下,土基上闸室的平均基底应力不大于地基允许承载力,最大基底应力不大于地基允许承载力的1.2倍;闸室基底应力的最大值与最小值之比$\eta$不大于允许值,见表4-2。岩基上,闸室最大基底应力不大于地基允许承载力;在非地震情况下,闸室基底不出现拉应力;在地震情况下,闸室基底拉应力不大于100 kPa。计算单元的取法同闸室的抗滑稳定计算。

## 2 R闸荷载计算

### 2.1 完建期的荷载

完建期的荷载主要包括闸地板重力$G_1$、闸墩重力$G_2$、闸门重力$G_3$、胸墙壁重力$G_4$、工作桥及启闭机设备重力$G_5$、公路桥重力$G_6$和检修便桥重力$G_7$,取混凝土、钢筋混凝土的容重为25 kN/m$^3$。

(1)底板重力为

$$G_1 = 16\times1.2\times16.2\times25 + 1/2\times(1+1.5)\times0.5\times16.2\times25\times2$$
$$= 8\ 282.25(\text{kN})$$

表 4-2 完建情况下的作用荷载和力矩(对底板上端 $B$ 点的力矩)计算

| 部位 | | 重力(kN) | 力臂(m) | 力矩(kN·m) ↘ | 力矩(kN·m) ↙ |
|---|---|---|---|---|---|
| 底板 | | 8 282.25 | 8.0 | 66 258.00 | |
| 闸墩 | (1) | 268.4 | 0.32 | 85.89 | |
| | (2) | 2 725.56 | 2.83 | 7 713.33 | |
| | (3) | 920 | 5.9 | 5 428.00 | |
| | (4) | 3 974.4 | 10.915 | 43 380.58 | |
| | (5) | 189.97 | 13.654 | 2 593.85 | |
| | (6) | 241.78 | 12.25 | 2 961.81 | |
| 工作闸门 | | 420 | 5.59 | 2 347.80 | |
| 工作桥 | | 410 | 5.9 | 2 419.00 | |
| 启闭机 | | 96.0 | 5.9 | 566.40 | |
| 公路桥 | | 1 346.0 | 12.25 | 16 488.50 | |
| 检修便桥 | | 160.0 | 1.8 | 288 | |
| 胸墙 | | 374.5 | 4.84 | 1 812.58 | |
| 合计 | | 19 408.86 | | 152 343.74 | |

(2)闸墩重力:

每个中墩重为

$$G_2' = (0.5\times3.14\times0.55^2\times11.3\times25)+(0.5\times3.14\times0.55^2\times8.0\times25)+(4.824\times11.3\times25)+(2.3\times0.5\times16\times25)+(9.936\times8\times25)+(3\times0.67\times0.7\times1.8\times25)+(4.7\times0.7\times0.7\times25) = 4\ 160.515(\text{kN})$$

每个闸室单元有两个中墩,则:

$$G_2 = 2G_2' = 8\ 321.03(\text{kN})$$

(3)闸门重力为

$$G_3 = 210\times2 = 420(\text{kN})$$

(4)胸墙重力为

$$G_4 = 0.3\times0.5\times14\times25+0.4\times0.8\times14\times25+0.2\times(3.7-0.4-0.3)\times14\times25 = 374.5(\text{kN})$$

(5)工作桥及启闭机设备重力如下:

工作桥重力为

$$G_5' = 2\times0.92\times0.35\times16.2\times25+0.5\times(0.08+0.12)\times0.9\times16.2\times2\times25+0.15\times0.12\times16.2\times2\times25+0.06\times1.3\times16.2\times25 = 379.89(\text{kN})$$

考虑到栏杆及横梁重力等,取:$G_5' = 410$ kN。

QPQ2×25 启闭机机身重 40.7 kN，混凝土及电机重 7.3 kN，则每台启闭机重48.0 kN，启闭机重力 $G_5''=2\times48.0\ \text{kN}=96.0\ \text{kN}$。

$$G_5 = G_5' + G_5'' = 410 + 96.0 = 506(\text{kN})$$

(6)公路桥重力：

公路桥每米重约 80 kN，考虑到栏杆重，则公路桥重为

$$G_6 = 80\times16.2+50 = 1\ 346.0(\text{kN})$$

(7)检修便桥重力：

$$G_7 = 0.25\times0.4\times14.0\times25\times2+0.06\times1.5\times14\times25 = 101.5(\text{kN})$$

考虑到栏杆及横梁重力等，取：$G_7=160.0\ \text{kN}$。

完建情况下作用荷载和力矩计算见表 4-2。

## 2.2 设计洪水情况下的荷载

在设计洪水情况下，闸室的荷载除以上计算的荷载外，还有闸室内水的重力、水压力、扬压力等。

(1)闸室内水重：

$$\begin{aligned} W_1 &= 4.69\times9.8\times14\times9.8+7.6\times0.8\times14\times9.8+6.5\times14\times10.11\times9.8 \\ &= 6\ 306.0+834.17+9\ 016.09 \\ &= 16\ 156.26(\text{kN}) \end{aligned}$$

(2)水平水压力：

首先计算波浪要素。由设计资料知：$h_t=0.8\ \text{m}$，$L_1/h_1=10$，上游$\overline{H}=9.8\ \text{m}$，则上游波浪线壅高为

$$h_0 = \frac{\pi h_1^2}{L_1}\text{cth}\frac{2\pi\overline{H}}{L_1}h_0 = \frac{\pi\times0.8^2}{8}\times\text{cth}\frac{2\pi\times9.8}{8} = 0.25(\text{m})$$

波浪破碎的临界水深：

$$\begin{aligned} H_{1j} &= \frac{L_1}{4\pi}\ln\frac{L_1+2\pi h_1}{L_1-2\pi h_1} \\ &= \frac{8}{4\pi}\times\ln\frac{8.0+2\pi\times0.8}{8.0-2\pi\times0.8} = 0.94(\text{m}) \end{aligned}$$

可见，上游平均水深大于 $L_1/2$，且大于 $H_{1j}$，故为深水波。因此：

$$\begin{aligned} P_1 &= 0.5\times4\times9.8\times(4+0.25+0.8)\times16.2+0.5\times6.05\times9.8\times(4+10.05)\times16.2 \\ &= 1\ 603.48+6\ 747.50 = 8\ 350.98(\text{kN})(\rightarrow) \end{aligned}$$

$$P_2 = 0.5\times9.8\times(8.35+9.77)\times1.5\times16.2 = 2\ 157.55(\text{kN})(\rightarrow)$$

$$P_3 = 0.5\times7.5\times7.5\times9.8\times16.2 = 4\ 465.13(\text{kN})(\leftarrow)$$

$$P_4 = 0.5\times9.8\times(7.5+8.42)\times0.7\times16.2 = 884.61(\text{kN})(\leftarrow)$$

(3)浮托力：

$$\begin{aligned} F &= 7.7\times9.8\times16\times16.2+0.5\times(1.0+1.5)\times0.5\times9.8\times16.2 \\ &= 19\ 658.46(\text{kN})(\uparrow) \end{aligned}$$

(4)渗透压力：

$$U = 0.31\times9.8\times16\times16.2+0.5\times1.22\times16\times9.8\times16.2$$

= 787.45 + 1 549.50 = 2 336.95(kN)(↑)

设计洪水位情况下的荷载图见图 4-3，设计洪水位情况下的荷载计算见表 4-3(设计洪水情况下的荷载和对 *B* 点的力矩)。

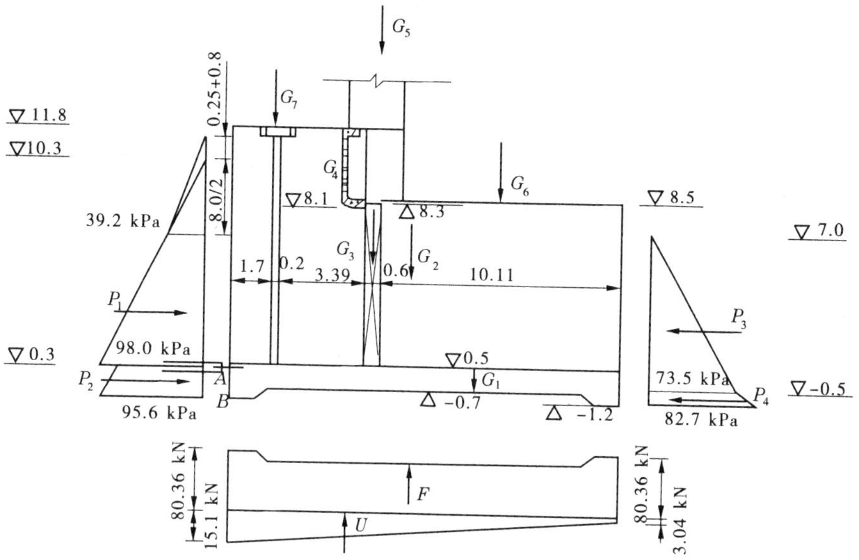


图 4-3 设计洪水位时荷载图

表 4-3 设计洪水情况下的荷载和对 *B* 点的力矩

| 荷载名称 | 竖向力(kN) | | 水平力(kN) | | 力臂(m) | 力矩(kN·m) | | 说明 |
|---|---|---|---|---|---|---|---|---|
| | ↓ | ↑ | → | ← | | ↘ | ↙ | |
| 闸室结构重力 | 19 408.86 | | | | | 152 343.74 | | 见表 4-2 |
| 上游水压力 | | | 1 603.48<br>6 747.50<br>2 157.55 | | 9.18<br>4.07<br>0.73 | 14 719.95<br>27 462.33<br>1 575.01 | | |
| 下游水压力 | | | | 4 465.13<br>884.61 | 3.2<br>0.34 | | 14 288.42<br>300.77 | |
| 浮托力 | | 19 658.46 | | | 8.0 | | 157 267.68 | |
| 渗透压力 | | 787.45<br>1 549.50 | | | 8.0<br>5.33 | | 6 299.60<br>8 258.84 | |
| 水重力 | 6 306.0<br>834.17<br>9 016.09 | | | | 2.35<br>5.09<br>11.05 | 14 819.10<br>4 245.93<br>99 627.79 | | |
| 合计 | 35 562.12 | 21 995.41 | 10 508.53 | 5 349.74 | | 314 793.84 | 186 415.31 | |
| | 13 566.71(↓) | | 5 158.79(→) | | | 128 378.53(↘) | | |

## 2.3 校核洪水位情况的荷载

校核洪水位情况的荷载与设计洪水位情况的荷载计算方法相似，所不同的是水压力、扬压力是相应校核水位以下的水压力、扬压力。

(1)闸室内水重：

$$W_1 = 4.69 \times 10.25 \times 14 \times 9.8 + 7.6 \times 0.8 \times 14 \times 9.8 + 6.5 \times 14 \times 10.11 \times 9.8$$
$$= 6\ 595.55 + 834.18 + 9\ 016.10 = 16\ 445.82(\text{kN})$$

(2)水平水压力。

首先计算波浪要素。在校核水位下：$h_t = 0.5$ m，$L_1 = 5.0$ m，$h_0 = 0.16$ m，$H_{1j} = 0.59$ m，上游$\overline{H} = 10.25$ m，故为深水波。因此：

$$P_1 = 0.5 \times 2.5 \times 9.8 \times (2.5 + 0.16 + 0.5) \times 16.2 + 0.5 \times (2.5 + 10.45) \times 7.9 \times 9.8 \times 16.2 = 627.11 + 8\ 120.97 = 8\ 748.08(\text{kN})(\rightarrow)$$

$$P_2 = 0.5 \times 9.8 \times (8.55 + 9.96) \times 1.5 \times 16.2 = 2\ 203.99(\text{kN})(\rightarrow)$$

$$P_3 = 0.5 \times 7.5 \times 7.5 \times 9.8 \times 16.2 = 4\ 465.13(\text{kN})(\leftarrow)$$

$$P_4 = 0.5 \times 9.8 \times (7.5 + 8.45) \times 0.7 \times 16.2 = 886.28(\text{kN})(\leftarrow)$$

(3)浮托力：

$$F = 7.7 \times 9.8 \times 16 \times 16.2 + 0.5 \times (1.0 + 1.5) \times 0.5 \times 9.8 \times 16.2$$
$$= 19\ 757.68(\text{kN})(\uparrow)$$

(4)渗透压力：

$$U = 0.33 \times 9.8 \times 16 \times 16.2 + 0.5 \times 1.22 \times 16 \times 9.8 \times 16.2$$
$$= 838.25 + 1\ 549.50 = 2\ 387.75(\text{kN})(\uparrow)$$

校核洪水位情况下的荷载图见图 4-3，校核洪水位情况下的荷载计算见表 4-4(校核洪水位情况下的荷载和对 *B* 点的力矩)。

**表 4-4　校核洪水位情况下的荷载和对 *B* 点的力矩**

| 荷载名称 | 竖向力(kN) | | 水平力(kN) | | 力臂(m) | 力矩(kN·m) | | 说明 |
|---|---|---|---|---|---|---|---|---|
| | ↓ | ↑ | → | ← | | ↘ | ↙ | |
| 闸室结构重力 | 19 408.86 | | | | | 152 343.74 | | 见表 4-2 |
| 上游水压力 | | | 627.11<br>8 120.97<br>2 203.99 | | 10.45<br>4.64<br>0.73 | 6 553.30<br>37 681.30<br>1 608.91 | | |
| 下游水压力 | | | | 4 465.13<br>886.18 | 3.2<br>0.34 | | 14 288.42<br>301.30 | |
| 浮托力 | | 19 658.46 | | | 8.0 | | 158 061.44 | |
| 渗透压力 | | 838.25<br>1 549.50 | | | 8.0<br>5.33 | | 6 706<br>9 477.33 | |
| 水重力 | 6 595.55<br>834.18<br>9 016.10 | | | | 2.35<br>5.09<br>11.05 | 15 499.54<br>4 245.98<br>99 627.91 | | |
| 合计 | 35 854.69 | 22 046.21 | 10 952.07 | 5 351.31 | | 317 560.68 | 188 834.49 | |
| | 13 808.48(↓) | | 5 600.76(→) | | | 128 726.19(↘) | | |

# 任务3 项目模拟

## 1 闸室基底应力

闸室基底应力应满足：在各种计算情况下，土基上闸室的平均基底应力不大于地基允许承载力，最大基底应力不大于地基允许承载力的1.2倍；闸室基底应力的最大值与最小值之比 $\eta$ 不大于允许值，见表4-5。岩基上，闸室最大基底应力不大于地基允许承载力；在非地震情况下，闸室基底不出现拉应力；在地震情况下，闸室基底拉应力不大于100 kPa。计算单元的取法同闸室的抗滑稳定计算。

### 1.1 计算公式验算要求

（1）对于结构布置及受力情况对称的闸孔，如多孔水闸的中间孔或左右对称的单闸孔，按式(4-1)计算：

$$\sigma_{\min}^{\max} = \frac{\sum G}{A} \pm \frac{\sum M}{W} \tag{4-1}$$

式中 $\sigma_{\min}^{\max}$——闸室基底应力的最大值和最小值，kPa；

$\sum G$——作用在闸室上所有竖向荷载（包括扬压力）的代数和，kN；

$A$——闸室基底面的面积，$m^2$；

$\sum M$——作用在闸室上的所有竖向和水平向荷载对基础底面垂直水流方向的形心轴的力矩和，kN · m；

$W$——闸室基底面对该底面垂直水流方向的形心轴的截面矩，$m^3$。

（2）对于结构布置及受力情况不对称的闸孔，如多孔闸的边闸孔或左右不对称的单闸孔，按双向偏心受压公式(4-2)计算：

$$\sigma_{\min}^{\max} = \frac{\sum G}{A} \pm \frac{\sum M_x}{W_x} \pm \frac{\sum M_y}{W_y} \tag{4-2}$$

式中 $\sum M_x$、$\sum M_y$——作用在闸室上的所有竖向和水平向荷载对于基础底面形心轴 $x$、$y$ 轴的力矩和，kN · m；

$W_x$、$W_y$——闸室基底面对该底面形心轴 $x$、$y$ 轴的截面矩，$m^3$。

### 1.2 安全指标

土基上闸室基底应力的最大值与最小值的比值 $\eta = \sigma_{\max}/\sigma_{\min}$，反映了闸室基底应力分布的不均匀程度。此值越大，表明闸室两端基底应力相差越大，沉降差越大，闸室的倾斜度也越大。因此，设计中规定比值 $\eta$ 应不大于规范规定的允许值[$\eta$]。[$\eta$]值见表4-5。

表 4-5　土基上的[η]值

| 地基土质 | 荷载组合 | |
|---|---|---|
| | 基本组合 | 特殊组合 |
| 松软 | 1.50 | 2.00 |
| 中等坚实 | 2.00 | 2.50 |
| 坚实 | 2.50 | 3.00 |

注:1. 对于特别重要的大型水闸,其[η]值可按表列数值适当减小。
2. 对于地震区的水闸,其[η]值可按表列数值适当增大。
3. 对于地基特别坚实或可压缩土层甚薄的水闸,其[η]值可不受本表的限制,但要求闸室基底不出现拉应力。

对于碎石土地基的允许承载力,可根据碎石土的密实度按表 4-6 确定。

表 4-6　碎石土地基允许承载力　(单位:kPa)

| 颗粒骨架 | 密实度 | | |
|---|---|---|---|
| | 密实 | 中密 | 稍密 |
| 卵石 | 1 000 ~ 800 | 800 ~ 500 | 500 ~ 300 |
| 碎石 | 900 ~ 700 | 700 ~ 400 | 400 ~ 250 |
| 圆砾 | 700 ~ 500 | 500 ~ 300 | 300 ~ 200 |
| 角砾 | 600 ~ 400 | 400 ~ 250 | 250 ~ 150 |

注:1. 碎石土密实度的鉴别见《水闸设计规范》(SL 265—2001)的附录 F。
2. 表中数值适用于骨架颗粒孔隙全部由中砂、粗砂或坚硬的黏性土所充填的情况。
3. 当粗颗粒为弱风化或强风化时,可按其风化程度适当降低允许承载力,当颗粒间呈半胶结状时,可适当提高允许承载力。

对于岩石地基,地基的允许承载力,可根据岩石类别及其风化程度按表 4-7 确定。

表 4-7　岩石地基允许承载力　(单位:kPa)

| 岩石类别 | 风化程度 | | | | |
|---|---|---|---|---|---|
| | 未风化 | 微风化 | 弱风化 | 强风化 | 全风化 |
| 硬质岩石 | ≥4 000 | 4 000 ~ 3 000 | 3 000 ~ 1 000 | 1 000 ~ 500 | <500 |
| 软质岩石 | ≥2 000 | 2 000 ~ 1 000 | 1 000 ~ 500 | 500 ~ 200 | <200 |

注:1. 岩石风化程度的鉴别见《水闸设计规范》(SL 265—2001)。
2. 强风化岩石改变埋藏条件后,如强度降低,宜按降低程度选用较低值。

## 2　抗滑稳定

闸室抗滑稳定计算应满足:土基上沿闸室基底面的抗滑稳定安全系数不小于表 4-8 的[$K_土$]值;岩基上沿闸室基底面的抗滑稳定安全系数不小于表 4-9 的[$K_岩$]值。计算时取两相邻顺水流向永久缝之间的闸段作为计算单元。

表 4-8 土基上沿闸室基底面抗滑稳定安全系数允许值

| 荷载组合 | | 水闸级别 | | | |
|---|---|---|---|---|---|
| | | 1 | 2 | 3 | 4、5 |
| 基本组合 | | 1.35 | 1.30 | 1.25 | 1.20 |
| 特殊组合 | Ⅰ | 1.20 | 1.15 | 1.10 | 1.05 |
| | Ⅱ | 1.10 | 1.05 | 1.05 | 1.00 |

注:1. 特殊组合Ⅰ适用于校核洪水位情况、施工情况及检修情况。

2. 特殊组合Ⅱ适用于地震情况。

表 4-9 岩基上沿闸室基底面抗滑稳定安全系数允许值

| 荷载组合 | | 按抗滑稳定公式计算 | | | 按抗剪断强度公式计算 |
|---|---|---|---|---|---|
| | | 水闸级别 | | | |
| | | 1 | 2、3 | 4、5 | |
| 基本组合 | | 1.10 | 1.08 | 1.05 | 3.00 |
| 特殊组合 | Ⅰ | 1.05 | 1.03 | 1.00 | 2.50 |
| | Ⅱ | 1.00 | | | 2.30 |

注:1. 特殊组合Ⅰ适用于校核洪水位情况、施工情况及检修情况。

2. 特殊组合Ⅱ适用于地震情况。

## 2.1 计算公式

### 2.1.1 土基上的水闸闸室沿地基面的抗滑稳定计算

土基上的水闸,一般情况下闸基面的法向应力较小,只验算沿地基面的抗滑稳定性。但当地基面的法向应力较大时,还需要核算深层抗滑稳定性。闸室沿地基面的抗滑稳定计算公式为

$$K_c = \frac{f\sum G}{\sum H} \tag{4-3}$$

$$K_c = \frac{\tan\varphi_0 \sum G + C_0 A}{\sum H} \tag{4-4}$$

式中 $K_c$——沿闸室基底面的抗滑稳定安全系数;

$f$——闸室基底面与地基之间的摩擦系数,查表 4-10;

$\sum H$——作用在闸室上的全部水平向荷载,kN;

$\varphi_0$——闸室基础底面与土质地基之间的摩擦角,(°),查表 4-11;

$C_0$——闸室基础底面与土质地基之间的黏结力,kPa,查表 4-11。

由于式(4-3)计算简便,故在水闸设计中,特别是在水闸的初步设计阶段采用较多。式(4-4)是根据现场混凝土板的抗滑试验资料进行分析研究后提出来的,既考虑了混凝土板底面与地基土之间的摩阻力,也考虑了两者之间的黏聚力对闸室抗滑稳定性的影响,所以其计算成果能够比较真实地反映黏性土地基上水闸的实际运用情况。对于黏性土地基

上的大型水闸宜按式(4-4)进行计算。

对于土基上采用钻孔灌注桩基础的水闸,若采用式(4-4)验算沿闸室底板底面的抗滑稳定性,还应计入桩体材料的抗剪断能力。

2.1.2 岩基上沿闸室基底面的抗滑稳定计算

岩基上沿闸室基底面的抗滑稳定可按式(4-3)或式(4-5)进行计算:

$$K_c = \frac{f'\sum G + C'A}{\sum H} \tag{4-5}$$

式中 $f'$——闸室基底面与岩石地基之间的抗剪断摩擦系数,查表4-12;

$C'$——闸室基底面与岩石地基之间的抗剪断黏聚力,查表4-12。

当闸室承受双向水平向荷载作用时,应验算其合力方向的抗滑稳定性,其抗滑稳定安全系数应按土基或岩基分别不小于规范规定的允许值,即表4-11与表4-12中所要求的数值。

**表4-10 $f$值**

| 地基类别 | | $f$ |
|---|---|---|
| 黏土 | 软弱 | 0.20~0.25 |
| | 中等坚硬 | 0.25~0.35 |
| | 坚硬 | 0.35~0.45 |
| 壤土、粉质壤土 | | 0.25~0.40 |
| 砂壤土、粉砂土 | | 0.35~0.40 |
| 细砂、极细砂 | | 0.40~0.45 |
| 中砂、粗砂 | | 0.45~0.50 |
| 砂砾石 | | 0.40~0.50 |
| 砾石、卵石 | | 0.50~0.55 |
| 碎石土 | | 0.40~0.50 |
| 软质岩石 | 极软 | 0.40~0.45 |
| | 软 | 0.45~0.55 |
| | 较软 | 0.55~0.60 |
| 硬质岩石 | 较坚硬 | 0.60~0.65 |
| | 坚硬 | 0.65~0.70 |

**表4-11 $\varphi_0$、$C_0$值(土质地基)**

| 土质地基类别 | $\varphi_0$(°) | $C_0$(kPa) |
|---|---|---|
| 黏性土 | $0.9\varphi$ | $(0.2\sim0.3)C$ |
| 砂性土 | $(0.85\sim0.90)\varphi$ | 0 |

注:$\varphi$为室内饱和固结快剪(黏性土)或饱和快剪试验测得的内摩擦角;$C$为室内饱和固结快剪试验测得的黏聚力。

表4-12 $f'$、$C'$值(岩石地基)

| 岩石地基类别 | | $f'$ | $C'$(MPa) |
|---|---|---|---|
| 硬质岩石 | 坚硬 | 1.5~1.3 | 1.5~1.3 |
| | 较坚硬 | 1.3~1.1 | 1.3~1.1 |
| 软质岩石 | 较软 | 1.1~0.9 | 1.1~0.7 |
| | 软 | 0.9~0.7 | 0.7~0.3 |
| | 极软 | 0.7~0.4 | 0.3~0.05 |

注:如岩基内存在结构面、软弱层(带)或断层的情况,$f'$、$C'$值应按现行的《水利水电工程地质勘察规范》(GB 50287—99)选用。

### 2.2 提高闸室抗滑稳定性的措施

当沿闸室基底面抗滑稳定安全系数计算值小于允许值时,可采用下列一种或几种抗滑措施:

(1)将闸门位置移向低水位一侧,或将水闸底板向高水位一侧加长,以增加水重;

(2)适当增大闸室结构尺寸;

(3)增加闸室底板的齿墙深度;

(4)增加铺盖长度或帷幕灌浆深度,或在不影响防渗安全的条件下将排水设施向水闸底板靠近;

(5)利用钢筋混凝土铺盖作为阻滑板,但闸室自身的抗滑稳定安全系数不应小于1.0(计算由阻滑板增加的抗滑力时,阻滑板效果的折减系数可采用0.80),阻滑板应满足抗裂要求;

(6)增设钢筋混凝土抗滑桩或预应力锚固结构。

当利用钢筋混凝土铺盖作为阻滑板时,在闸室与阻滑板之间必须用钢筋铰连接,以保证阻滑板与闸室底板共同起抗滑作用。

## 3 闸室沉降校核

由于土基压缩变形大,容易引起较大的地基沉降。较大的均匀沉降可能会使闸顶部高程不足;过大的不均匀沉降,将导致闸室倾斜、产生裂缝、止水破坏,甚至断裂等。因此,在研究地基稳定时,应进行地基的沉降校核,以保证水闸的安全和正常运用。

目前,我国水利系统多数是根据土工试验提供的压缩曲线(如压缩曲线或回弹压缩曲线)采用分层总和法计算地基沉降。

根据工程实践,天然土质地基上水闸地基的允许最大沉降量为15 cm,相邻部位的允许最大沉降差为5 cm。当软土地基上的水闸地基沉降计算不满足上述要求时,可以考虑采用以下一种或几种措施:①采用沉降缝隔开;②改变基础形式或刚度;③调整基础尺寸与埋置深度;④必要时对地基进行人工加固;⑤安排合适的施工程序,严格控制施工进度;⑥变更结构形式(采用轻型结构或静定结构等)或加强结构刚度。

## 4 地基处理

水闸地基处理的目的是:提高地基的承载能力和稳定性;减小或消除地基的有害沉

陷，防止地基渗透变形。当天然地基承载能力、稳定和变形任何一方面不能满足要求时，就应根据工程具体情况进行地基处理。对于淤泥质土、高压缩性黏土和松砂等软弱地基，只采取改进上部结构的措施不能满足稳定和沉降要求时，则须进行必要的地基处理。目前实际工程中常用的地基处理方法见表 4-13。

**表 4-13　土基常用处理方法**

| 处理方法 | 基本作用 | 适用范围 | 说明 |
|---|---|---|---|
| 换土垫层法 | 改善地基应力分布，减少沉降量，适当提高地基稳定性和抗渗稳定性 | 厚度不大的软土地基 | 用于深厚的软土地基时，仍有较大的沉降量 |
| 强力夯实法 | 增加地基承载力，减少沉降量，提高抗振动液化的能力 | 透水性较好的松软地基，尤其适用于稍密的碎石土或松砂地基 | 用于淤泥或淤泥质土地基时，需采取有效的排水措施 |
| 振动水冲法 | 增加地基承载力，减少沉降量，提高抗振动液化的能力 | 松砂、软弱的砂壤土或砂卵石地基 | 处理后地基的均匀性和防止渗透变形的条件较差；<br>用于不排水抗剪强度小于 20 kPa 的软土地基时，处理效果不显著 |
| 桩基础 | 增加地基承载力，减少沉降量，提高抗滑稳定性 | 较深厚的松软地基，尤其适用于上部为松软土层、下部为硬土层的地基 | 桩尖未嵌入硬土层的摩擦桩，仍有一定的沉降量；<br>用于松砂、砂壤土地基时，应注意渗透变形问题 |
| 沉井基础 | 除与桩基础作用相同外，对防止地基渗透变形有利 | 适用于上部为软土层或粉细砂层、下部为硬土层或岩层的地基 | 不宜用于上部夹有蛮石、树根等杂物的松软地基或下部为顶面倾斜度较大的岩基 |

随着科学技术的发展，逐渐也提出了一些新的地基处理方法，如深层搅拌法、高压喷射法、硅化法、电渗法等。由于设计或施工技术不成熟、造价高等原因，这些方法还没有在实际工程中全面推广使用。但在一定条件下，经过论证也可采用。

## 5　R 闸室稳定计算分析

### 5.1　完建期

（1）闸室基底压力计算：

$$P_{\min}^{\max} = \frac{\sum G}{A}\left(1 \pm 6 \times \frac{e}{B}\right) e = \frac{B}{2} - \frac{\sum M}{\sum G}$$

由表 4-2 可知，$\sum G = 19\ 408.86$ kN，$\sum M = 152\ 343.32$ kN · m，另外，$B = 16$ m，$A = 16 \times 16.2 = 259.2(\text{m}^2)$，则 $e = \frac{16}{2} - \frac{152\ 343.32}{19\ 408.86} = 0.15(\text{mm})$（偏上游）

$$P_{\min}^{\max} = \frac{19\ 408.86}{259.2} \times \left(1 \pm 6 \times \frac{0.15}{16}\right) = \begin{matrix} 79.98\ \text{kPa(上游端)} \\ 70.68\ \text{kPa(下游端)} \end{matrix}$$

(2)地基承载力验算：

由上可知：

$$\overline{P} = \frac{1}{2}(P_{\max} + P_{\min}) = \frac{1}{2} \times (79.09 + 70.68) = 74.885(\text{kPa})$$

持力层为坚硬粉质黏土，$N_{63.5} = 15 \sim 21$ 击，查表得地基允许承载力 $[R]' = 350$ kPa。因为基础的宽度远大于 3 m，故地基允许承载力应修正。

$$[R] = [R]' + m_B\gamma_S(B - 3) + m_D\gamma_P(D - 1.5)$$

其中：$B = 8$ m，$D = 1.5$ m；为安全起见，取 $m_B = 0.2$，$m_D = 1.0$，则：

$$\gamma_P = \gamma = \frac{(G - 1)\gamma}{1 + e_1} = \frac{(2.74 - 1) \times 9.8}{1 + 0.69} = 10.09(\text{kN/m}^3)\text{(浮容重)}$$

$$[R] = 350 + 0.2 \times 10.09 \times (8 - 3) + 1.0 \times 10.09 \times (1.5 - 1.5) = 360.1(\text{kPa})$$

$[R] > \overline{P}$，所以地基承载力满足要求。

(3)不均匀系数计算。由上可知

$$\eta = \frac{P_{\max}}{P_{\min}} = \frac{79.09}{70.68} = 1.12 < [\eta] = 2.5$$

所以，地基压力不均匀系数满足要求。

### 5.2 设计洪水情况

(1)设计洪水位情况，闸室地基压力计算。

由表4-3可知：$\sum G = 13\ 569.71$ kN，$\sum M = 128\ 378.54$ kN·m，则：

$$e = \frac{16}{2} - \frac{128\ 378.54}{13\ 569.71} = -1.46(\text{m})\text{(偏上游)}$$

$$P_{\min}^{\max} = \frac{13\ 569.71}{259.2}\left(1 \pm 6 \times \frac{1.46}{16}\right) = \begin{matrix} 81.02\ \text{kPa(上游端)} \\ 23.69\ \text{kPa(下游端)} \end{matrix}$$

(2)地基承载力验算。

由上可知 $\overline{P} = \frac{1}{2} \times (P_{\max} + P_{\min}) = \frac{1}{2} \times (81.02 + 23.69) = 52.355(\text{kPa}) < [R]$。

所以，地基承载力满足要求。

(3)不均匀系数计算。

由上可知：$\eta = \frac{P_{\max}}{P_{\min}} = \frac{81.02}{23.69} = 3.42 < [\eta] = 3.5$

但根据 SL 265—2001 的规定，对于地基良好、结构简单的中型水闸，$[\eta]$的采用值可以适当地增大。本闸闸基土质良好；在校核洪水位情况下，$[\eta]$可以采用3.5，故地基压力不均匀系数满足要求。

(4)闸室抗滑稳定分析。

临界压应力：

$$P_{\text{kp}} = A\gamma B\tan\varphi + 2C(1 + \tan\varphi)$$

其中，$A=1.75$；$\gamma=10.09\ \text{kN/m}^3$；$B=16\ \text{m}$，$\varphi=19°$；$C=60\ \text{kPa}$。

$P_{kp}=1.75\times10\times\tan19°+2\times60\times(1+\tan19°)=167.345(\text{kPa})>P_{max}=81.02\ \text{kPa}$，所以，闸室不会发生深层滑动，仅需作表层抗滑稳定分析。

$$K_c=\frac{\tan\varphi_0\sum G+C_0A}{\sum H}$$

其中：$\varphi_0$ 取 $0.9\varphi=17.1°$；$C_0$ 取 $\frac{1}{3}C=20.0\ \text{kPa}$。由于本闸齿墙较浅，可取 $A=29.2\ \text{m}^2$，则

$$K_c=\frac{\tan17.1°\times13\ 523.65+20.0\times259.2}{5\ 158.79}=1.82>[K_c]=1.25$$

所以，闸室抗滑稳定性满足要求。

### 5.3 校核洪水位情况

(1)闸室基底压力计算。

由表4-4可知，$\sum G=13\ 480.65\ \text{kN}$，$\sum M=128\ 726.19\ \text{kN}\cdot\text{m}$，则

$$e=\frac{16}{2}-\frac{128\ 726.19}{13\ 480.65}=1.55(\text{mm})(\text{偏上游})$$

$$P_{min}^{max}=\frac{13\ 480.65}{259.2}\times\left(1\pm6\times\frac{1.55}{16}\right)=\begin{matrix}82.24\ \text{kPa(上游端)}\\21.78\ \text{kPa(下游端)}\end{matrix}$$

(2)地基承载力验算。

由上可知：$\overline{P}=\frac{1}{2}\times(P_{max}+P_{min})=\frac{1}{2}\times(82.24+21.78)=52.01(\text{kPa})<[R]$

所以，地基承载力满足要求。

(3)不均匀系数计算。

由上可知：

$$\eta=\frac{P_{max}}{P_{min}}=3.78>[\eta]=3.5$$

基地压力不均匀系数不满足要求。但根据SL 265—2001规定，对于地基良好、结构简单的中型水闸，[$\eta$]可以采用3.0，在校核洪水位情况下，[$\eta$]可以采用3.5，故基地压力不均匀系数满足要求。

(4)闸室抗滑稳定分析。

临界压应力：

$$K_c=\frac{\tan\varphi_0\sum G+C_0A}{\sum H}=\frac{\tan17.1°\times13\ 523.65+20.0\times259.2}{5\ 600.76}$$

$$=1.668>[K_c]=1.10$$

所以，闸室抗滑稳定性满足要求。

# 项目5 闸室结构分析

在闸室布置和稳定分析之后，还应对闸室各部分构件进行结构计算，验算其强度，以便最后确定各构件的形式、尺寸及构造。

闸室是一空间结构，受力比较复杂，可用三维弹性力学有限元法对一段闸室进行整体分析。但为简化计算，一般都将其分解成底板、闸墩、胸墙、工作桥、交通桥等若干构件分别计算，并在单独计算时，考虑它们之间的相互作用。

## 任务1 闸墩结构计算

闸墩结构计算主要包括闸墩水平截面上的正应力和剪应力、平面闸门门槽或弧形闸门支座的应力计算。闸墩计算情况有运用期和检修期两种。

(1)运用期。当闸门关闭时，不分缝的中墩主要承受上、下游水压力和自重等荷载；对分缝的中墩和边墩，除上述荷载外，还将承受侧向水压力或土压力等荷载；不分缝的中墩，在一孔关闭、邻孔闸门开启时，其受力情况与分缝的中墩相同，见图5-1(a)。

(2)检修期。一孔关门检修、相邻闸孔开启时，闸墩承受侧向水压力及自重、上部结构及设备重作用、交通桥上车辆刹车制动力等荷载，见图5-1(b)。需要验算双向受力的墩底边缘应力。

### 1 闸墩水平截面上的正应力和剪应力

闸墩水平截面上的正应力和剪应力(主要是墩底)，主要包括纵向(顺水流方向)和横向(垂直水流方向)两个方向。闸墩最危险的断面为闸墩与闸底板的接触面。因此，主要以墩底截面为控制应力截面，将闸墩视为固结于闸底板上的悬臂结构，近似按材料力学中的偏心受压公式进行应力分析。

#### 1.1 闸墩水平截面上的正应力计算

$$\sigma = \frac{\sum W}{A} \pm \frac{\sum M_x}{I_x}x \pm \frac{\sum M_y}{I_y}y \tag{5-1}$$

式中 $\sum W$——计算截面竖向作用力总和，kN；

$A$——计算截面面积，$m^2$；

$\sum M_x$、$\sum M_y$——计算截面以上各力对截面形心轴 $x$ 轴(顺水流方向)、$y$ 轴(垂直水流方向)的力矩总和，kN·m；

$I_x$、$I_y$——计算截面对形心轴 $x$、$y$ 轴的惯性矩，$m^4$；

$x$、$y$——计算点至形心轴的距离，m。

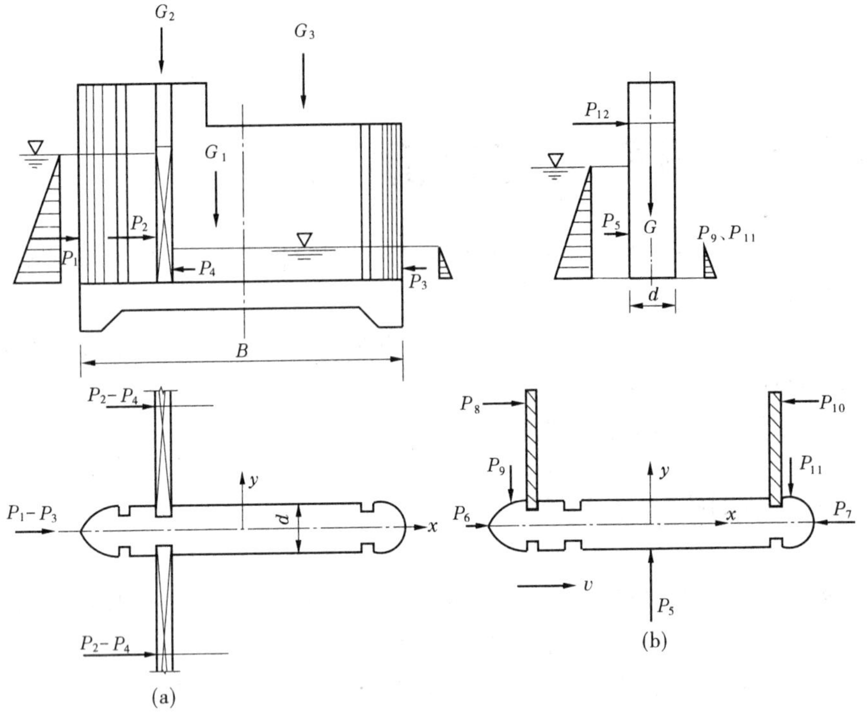


$P_1 \sim P_4$—运行期上、下游顺水流流向水压力；$P_5 \sim P_{11}$—检修期作用于闸墩不同部位的水压力；

$P_{12}$—交通桥上车辆刹车制动力；$C_1$—闸墩自重；$C_2$—工作桥重；$C_3$—交通桥重

**图 5-1　闸墩结构计算**

### 1.2　闸墩水平截面上的剪应力计算

计算截面上顺水流流向和垂直水流流向的剪应力分别为

$$\left.\begin{aligned}\tau_x &= \frac{Q_x S_x}{I_x d} \\ \tau_y &= \frac{Q_y S_y}{I_y B}\end{aligned}\right\} \tag{5-2}$$

式中　$Q_x$、$Q_y$——计算截面上顺水流流向和垂直水流流向的剪力，kN；

$S_x$、$S_y$——计算点以外的面积对形心轴 $x$ 轴和 $y$ 轴的面积矩，$m^3$；

$d$——闸墩厚度，m；

$B$——闸墩长度，m。

## 2　平面闸门闸墩的门槽应力计算

（1）取 1 m 高的闸墩作为计算单元。由左、右侧闸门传来的水压力为 $P$，在计算单元上、下水平截面上将产生剪力 $Q_上$ 和 $Q_下$，剪力差 $Q_上 - Q_下$ 应等于 $P$。

（2）假设剪应力在上、下水平截面上呈均匀分布，并取门槽前的闸墩作为脱离体，由力的平衡条件可求得此 1 m 高门槽颈部所受的拉力 $P_1$ 为

$$P_1 = P\frac{A_1}{A} \tag{5-3}$$

式中 $A_1$——门槽颈部以前闸墩的水平截面面积,$m^2$;

$A$——闸墩的水平截面面积,$m^2$。

从式(5-3)可以看出,门槽颈部所受拉力 $P_1$ 与门槽的位置有关,门槽越靠下游,$P_1$ 越大。

(3)计算1 m高闸墩在门槽颈部所产生的拉应力:

$$\sigma = \frac{P_1}{b} \tag{5-4}$$

式中 $b$——门槽颈部厚度,m。

(4)闸墩配筋。当拉应力 $\sigma$ 小于混凝土的允许拉应力时,可按构造要求进行配筋;否则,应按实际受力情况配筋。一般情况下,实体闸墩的应力不会超过墩体材料的允许应力,只需在闸墩底部及门槽配置构造钢筋。闸墩底部一般配 $\phi$10~14 mm、间距25~30 cm的垂直钢筋,下端深入底板25~30倍的钢筋直径,上端伸至墩顶或底板以上2~3 m处截断。水平分布钢筋一般采用8~12 mm,每米3~4根。

## 任务2 底板结构计算

闸底板一般采用"截板成梁"的方法进行计算,即沿垂直水流方向截取单位宽度的板条作为梁来进行计算。由于闸门前后水重相差悬殊,底板所受荷载不同,常以闸门为界,分别在闸门上、下游段的中间处截取单宽板条及墩条。

土基上的闸底板按照不同的地基情况可以采用不同的计算方法:对黏性土地基或相对密度 $D_r>0.5$ 的非黏性土地基,采用弹性地基梁法;对 $D_r\leqslant0.5$ 的非黏性土地基,采用反力直线分布法;对小型水闸,常采用倒置梁法。根据经验,重要的大型水闸宜按弹性地基梁法设计,反力直线分布校核。

### 1 倒置梁法

倒置梁法假定闸室地基反力沿顺水流方向呈直线分布,垂直水流方向为均匀分布,并把地基反力当作荷载,底板当作梁,闸墩当作支座,按倒置的连续梁计算底板内力。作用在梁上的荷载有底板自重 $q_1$、水重 $q_2$、扬压力 $q_3$ 及地基反力 $\sigma$。把上述铅直荷载进行叠加,便得到倒置梁上的均布荷载 $q=q_3-q_1-q_2+\sigma$。最后按图5-2所示的计算图,用结构力学法计算连续梁的内力,进而进行配筋。

该法计算简便,但也存在缺陷:①没有考虑底板与地基变形的协调作用;②假定底板在垂直水流方向地基反力均匀分布,有时与实际情况出入较大;③支座反力与闸墩铅直荷载不相等,故计算成果的误差较大,只在小型水闸设计中使用。

### 2 弹性地基梁法

弹性地基梁法认为在顺水流方向的地基反力仍是直线变化,但在垂直水流方向不再假定地基反力呈均匀分布,认为底板和地基都是弹性体,由于两者紧密接触,故变形是相同的,即地基反力在垂直水流方向按曲线形(或弹性)分布。同时梁在荷载及地基反力作

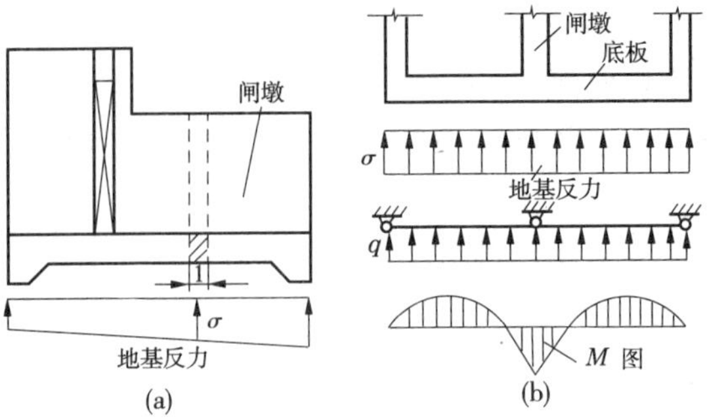


图 5-2　倒置梁法底板结构计算简图　(单位:m)

用下,仍保持平衡。根据变形协调一致和静力平衡条件,求解地基反力和梁的内力,并且还计及底板范围以外的边荷载对梁的影响。

采用弹性地基梁法分析闸底板的应力时,还应考虑可压缩土层厚度 $T$ 与弹性地基梁半长 $L/2$ 之比值的影响。当 $2T/L<0.25$ 时,可按基床系数法(文克尔假定)计算;当 $2T/L>2.0$时,可按半无限深的弹性地基梁法计算;当 $2T/L=0.25\sim2.0$ 时,可按有限深的弹性地基梁法计算。

底板由于闸墩的影响,在顺水流方向的刚度很大,可以忽略底板沿该方向的弯曲变形,假定地基反力呈直线分布。在垂直水流方向截取单宽板条及墩条,按弹性地基梁计算地基反力和底板内力。其步骤如下:

(1)用偏心受压公式计算闸底在顺水流向的地基反力。

(2)计算单宽板条上的不平衡剪力。由于顺水流向闸室所受的荷载是不均匀的,特别是闸门前后水重相差悬殊,而地基反力是连续变化的。所以,计算时应以闸门门槛作为上、下游的分界,将闸室分为上、下游两段脱离体,分别在两段的中央截取单宽板条和墩条进行分析,如图 5-3 所示。作用在脱离体的力有底板自重 $q_{自}$、水重 $q_{水}$、中墩重 $N_1$ 及缝墩重 $N_2$,中墩重及缝墩重包括其上部结构及设备自重。在底板的底面有扬压力 $q_{扬}$ 及地基反力 $q_{反}$。由于底板上的荷载在顺水流方向是有突变的,而地基反力是连续变化的。作用在单宽板条及墩条上的力是不平衡的,即作用在板条及墩条上的两侧必然作用有剪力 $Q_1$ 和 $Q_2$,并由 $Q_1$ 和 $Q_2$ 的差值来维持板条和墩条上力的平衡,差值 $\Delta Q=Q_1-Q_2$,称为不平衡剪力。以下游段为例,根据板条上力的平衡条件,取 $\sum F_y=0$,则:

$$N_1+2N_2+\Delta Q+(q_{自}+q'_{水}-q_{扬}-q_{反})L=0 \tag{5-5}$$

其中

$$q'_{水}=q_{水}(L-2d_2-d_1)/L \tag{5-6}$$

(3)确定不平衡剪力在闸墩和底板上的分配。不平衡剪力 $\Delta Q$ 应由闸墩及底板共同承担,各自承担的数值可根据剪应力分布图面积按比例确定。为此,需要绘制板条及墩条截面上的剪应力分布图。对于简单的板条和墩条截面,可直接用积分法求得。

由材料力学可知,截面上的剪应力:

$$\tau=\frac{\Delta QS}{bJ} \tag{5-7}$$

式中　$\Delta Q$——不平衡剪力,kN;

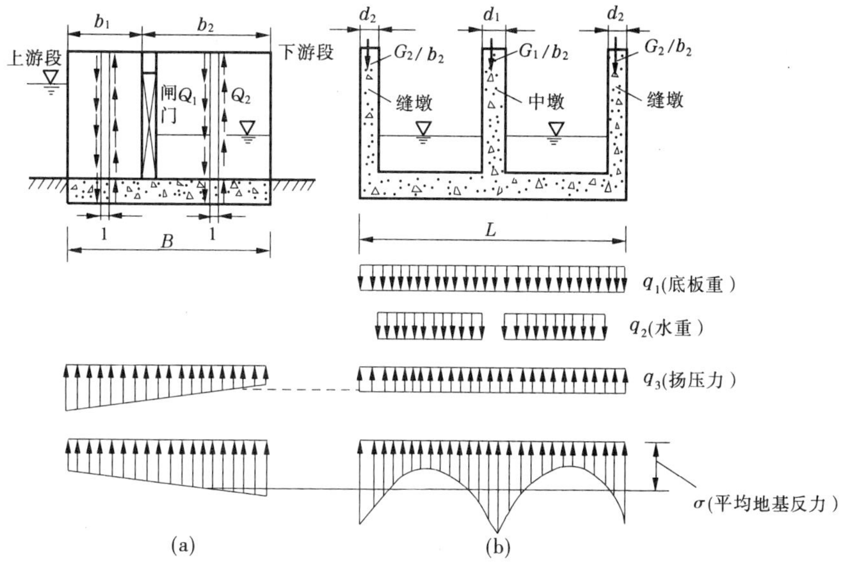


**图5-3 闸底板结构计算** (单位:m)

$S$——计算截面以下的面积对全截面形心轴的面积矩,$m^3$;

$b$——截面在 $y$ 处的宽度,m;

$J$——截面惯性矩,$m^4$。

一般情况下,不平衡剪力的分配比例是:底板占10%~15%,闸墩占85%~90%。

(4)计算作用在弹性地基梁(单宽板条)上的荷载。

①将分配给闸墩的不平衡剪力与闸墩及其上部结构的重量作为梁的集中力。

中墩集中力
$$P_1 = N_1 + \Delta Q_{墩}\left(\frac{d_1}{2d_2 + d_1}\right) \tag{5-8}$$

缝墩集中力
$$P_2 = N_2 + \Delta Q_{墩}\left(\frac{d_2}{2d_2 + d_1}\right) \tag{5-9}$$

②将分配给底板的不平衡剪力化为均布荷载,并与底板自重、水重及扬压力合并,作为梁的均布荷载。

$$q = q_{自} + q'_{水} - q_{扬} + \frac{\Delta Q_{板}}{L} \tag{5-10}$$

底板自重 $q_{自}$ 的取值,因地基性质而异。对于黏土地基,由于固结缓慢,计算中可采用底板自重的50%~100%;对于砂性地基,因其在底板混凝土达到一定刚度以前,地基变形几乎全部完成,底板自重对地基变形影响不大,在计算中可以不计。

(5)考虑边荷载对地基梁影响。边荷载指计算闸段底板两侧的闸室或边闸墩后回填土及岸墙作用于地基上的荷载。计算闸段左侧的边荷载为相邻闸孔的闸基压力,右侧的边荷载为回填土的重力及侧向土压力产生的弯矩。

《水闸设计规范》(SL 265—2001)规定:①当地基为砂性土,且边荷载使计算闸段底板内力减少时,计算百分数为50%;边荷载使计算闸段底板内力增加时,计算百分数为100%。②当地基为黏性土,且边荷载使计算闸段底板内力减少时,计算百分数为0;边荷载使计算闸段底板内力增加时，计算百分数为100%。

(6)计算地基反力及梁的内力。根据 $2T/L$ 判别所需采用的计算方法，然后利用已编制好的数表计算地基反力和梁的内力，进而验算强度并进行配筋。

岩基上闸底板可按弹性地基梁法中的基床系数法计算。

## 3 R 闸结构计算

### 3.1 闸墩设计

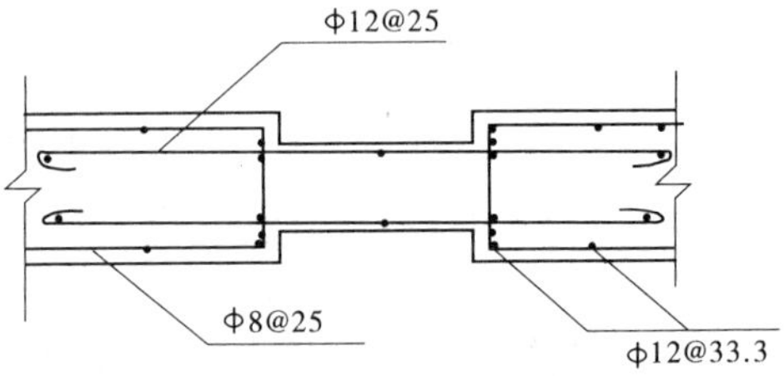


图 5-4 门槽配筋图

闸墩为钢筋混凝土结构，中墩厚 1.1 m，闸墩长与底板顺水流方向相同，为 16 m，边墩与暗墙合而为一，采用重力式。闸墩上设置两道闸门：工作闸和检修闸。工作闸门槽距闸墩上游端 5.29 m，工作闸门槽深 0.3 m、槽宽 0.6 m。闸墩上下游两端是 0.55 m 的半圆形状。在闸墩的上游端设置检修闸门。检修闸门距离上游端 1.7 m 处。槽宽 0.2 m、槽深 0.3 m。下游不设置检修门。闸门设置在底板上，其底部高程 0.5 m，上游闸墩底部高程为 11.8 m，下游闸墩顶部高程为 8.5 m，由上一节的计算知道，在校核洪水位情况下水平方向上的水压力最大，这时门槽颈部应力计算不利情况，故门槽应力计算选校核洪水位情况为计算情况。闸墩底部截面上的纵向正应力要求不出现拉应力，而最大拉应力也要小于混凝土的容许抗压强度。我们计算中发现情况符合。所以，闸墩不必配置纵向受力钢筋，但要配置构造钢筋。加强闸墩与底板的连接，防止温度变化对闸墩造成不利影响。竖向配置情况是，配置 $\phi$ 12 的钢筋，每米 3 根。其下插入底板 50 cm，水平方向采用 $\phi$ 8 的分布钢筋。在门槽处的配筋也是配置构造钢筋，配置的 $\phi$ 12 钢筋间距与闸墩的一致。浇筑 100 标号的混凝土作筑坝材料。

### 3.2 底板结构计算

采用弹性地基梁法对底板进行结构计算。

闸基的地基反力计算：

$$P_{\min}^{\max} = \frac{19\ 408.86}{259.2} \times \left(1 \pm 6 \times \frac{0.15}{16}\right) = \begin{matrix} 79.09\ \text{kPa}(\text{上游端}) \\ 70.68\ \text{kPa}(\text{下游端}) \end{matrix}$$

在上一节中计算地基应力 $P_{\max}$、$P_{\min}$ 时，求的是齿墙底部基底的应力，而不是底板底部基底应力，故尚应重新计算地基反力。

(1)完建期：无水平荷载，故在上一节中相应的地基应力就等于地基反力，可以直接运用，即

$$\sigma_{\max} = 79.09\ \text{kPa}(\text{上游端})$$

$$\sigma_{\min} = 70.68\ \text{kPa}(\text{下游端})$$

(2)校核洪水位情况：有水平力作用，需要重新计算地基反力，见表 5-1。

$$e = \frac{16}{2} - \frac{126\ 146.40}{13\ 480.64} = -1.36(\text{m})(\text{偏下游})$$

$$\sigma_{\min}^{\max} = \frac{13\ 480.64}{16 \times 16.2} \times \left(1 \pm \frac{6 \times 1.36}{16}\right) = \begin{matrix} 78.53(\text{kPa})(\text{下游端}) \\ 25.48(\text{kPa})(\text{上游端}) \end{matrix}$$

**表 5-1 校核洪水位情况的荷载和力矩(对底板底面上游 A 点求矩)计算表**

| 荷载名称 | 计算式 | 竖向力 | | 水平力 | | 力臂 | 力矩 | | 说明 |
|---|---|---|---|---|---|---|---|---|---|
| | | ↓ | ↑ | → | ← | | ↘ | ↙ | |
| 闸室结构 | | 19 408.86 | | | | | 152 343.74 | | 表 4-2 |
| 上游水压力 | 0.5×2.5×9.8×(2.5+0.16+0.5)×16.2 | | | 627.1 | | 10.0 | 6 271.0 | | |
| | 0.5×(2.5+10.4)×9.8×7.9×16.2 | | | 8 089.62 | | 4.2 | 33 782.9 | | |
| | 0.5×(8.55+9.45)×9.8×1.0×16.2 | | | 1 428.84 | | 0.5 | 700.1 | | |
| 下游水压力 | 0.5×9.8×7.5²×16.2 | | | | 4 465.13 | 2.7 | | 12 055.8 | |
| | 0.5×(7.5+7.75)×9.8×0.2×16.2 | | | | 242.11 | 0.1 | | 24.2 | |
| 浮托力 | | | 19 757.68 | | | 8.0 | | 158 061.44 | 表 4-4 |
| 渗透压力 | | | 838.25<br>1 778.11 | | | 8.0<br>5.33 | | 6 706<br>9 477.43 | 表 4-4 |
| 闸室内水重力 | | 16 445.82 | | | | | 119 373.43 | | |
| 合计 | | 35 854.68 | 22 374.04 | 10 145.56 | 4 707.24 | | 312 471.17 | 186 324.77 | |
| | | 13 480.64(↓) | | 5 438.32(→) | | | 126 146.40(↘) | | |

### 3.3 不平衡剪力及剪力分配

以胸墙与闸门之间的连线为界,将闸室分为上、下游段,各自承受其分段内的上部结构重力和其他荷载。

(1)不平衡剪力。对完建期、校核洪水位进行计算,不平衡剪力值见表 5-2。

(2)不平衡剪力的分配,截面的形心轴至底板底面的距离如图 5-5 所示,即

$$f=\frac{1.2\times16.2\times0.6+2\times1.1\times11.35\times\left(\frac{11.35}{2}+1.2\right)}{16.2\times1.2+2\times1.1\times11.35}=2.2$$

$$n=f-d=2.2-1.2=1.0(\mathrm{m})$$

$$L=\frac{16.2}{2}=8.1(\mathrm{m})$$

$$J=\frac{1}{12}\times16.2\times1.2^3+1.2\times16.2\times(2.2-0.6)^2+\frac{1}{12}\times1.1\times11.35^3\times 2+11.35\times1.1\times\left(\frac{11.35}{2}-1\right)^2\times2$$

$$=816.3(\mathrm{m}^4)$$

$$\Delta Q_{底}=\frac{\Delta Q}{J}L\left(\frac{2}{3}f^3-f^2n+\frac{1}{3}n^3\right)=0.03\Delta Q$$

表5-2 不平衡剪力计算表 (单位:kN)

| 荷载名称 | | 完建情况下 | | | 校核洪水位情况下 | | |
|---|---|---|---|---|---|---|---|
| | | 上游段 | 下游段 | 小计 | 上游段 | 下游段 | 小计 |
| 结构重力 | 闸墩 | 3 209.89 | 5 111.14 | 8 321.03 | 3 209.89 | 5 111.14 | 8 321.03 |
| | 底板 | 2 723.32 | 5 558.93 | 8 282.25 | 2 723.32 | 5 558.93 | 8 282.25 |
| | 胸墙 | 374.5 | | 374.5 | 374.5 | | 374.5 |
| | 公路桥 | | 1 346.0 | 1 346.0 | | 1 346.0 | 1 346.0 |
| | 工作桥 | 205.0 | 205.0 | 410.0 | 205.0 | 205.0 | 410.0 |
| | 检修便桥 | 160.0 | | 160.0 | 160.0 | | 160.0 |
| | 闸门 | | 420.0 | 420.0 | | 420.0 | 420.0 |
| | 启闭机 | 48.0 | 48.0 | 96.0 | 48.0 | 48.0 | 96.0 |
| | Σ | 6 720.71 | 12 689.07 | 19 409.78 | 6 720.71 | 12 689.07 | 19 409.78 |
| 水重力 | | | | | 7 608 | 8 837.8 | 16 445.8 |
| 扬压力 | | | | | -8 098.0 | -14 276.0 | -22 374.0 |
| 地基反力 | | -6 624.11 | -12 785.67 | -19 409.78 | -2 978 | -10 475.2 | -13 453.2 |
| 不平衡力 | | 96.6(↓) | 96.6(↑) | 0 | 3 252.7(↓) | -3 224.3(↑) | 28.38 |
| 不平衡剪力 | | 96.6(↓) | 96.6(↑) | 0 | 3 266.8(↓) | -3 266.8(↑) | 0 |

则
$$\Delta Q_{墩} = (1-0.05\Delta Q) = 0.97\Delta Q$$

每个闸墩分配不平衡剪力为：$\frac{1}{2}\Delta Q_{墩}=0.485\Delta Q$。

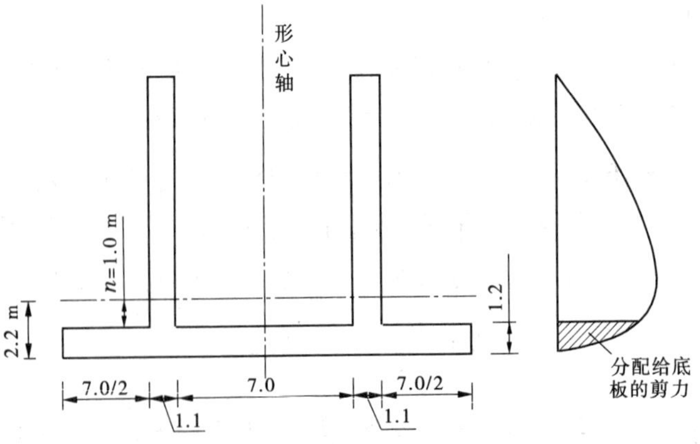


图5-5 不平衡剪力计算表 (单位:m)

## 3.4 板条上荷载的计算

### 3.4.1 完建期

完建期板条荷载见图5-6(a)。

3.4.1.1 上游段

均布荷载：

$$q = \frac{2\ 997.2}{5.49 \times 16.2} - \frac{0.03 \times 85.1}{5.49 \times 16.2} = 33.6(\text{kPa})\ (\downarrow)$$

闸墩处的集中荷载：

$$P = \frac{3\ 370.1 + 378 + 210 + 160 + 48}{2 \times 5.49} - \frac{0.97 \times 85.1}{2 \times 5.49} = 371.9(\text{kPa})\ (\downarrow)$$

3.4.1.2 下游段

均布荷载：

$$q = \frac{5\ 285.1}{10.51 \times 16.2} + \frac{0.03 \times 85.1}{10.51 \times 16.2} = 31.2(\text{kPa})(\downarrow)$$

闸墩处的集中荷载：

$$P = \frac{5\ 083.3 + 1\ 346 + 210 + 424 + 48}{10.51 \times 2} + \frac{0.97 \times 85.1}{10.51 \times 2} = 342.2(\text{kPa})(\downarrow)$$

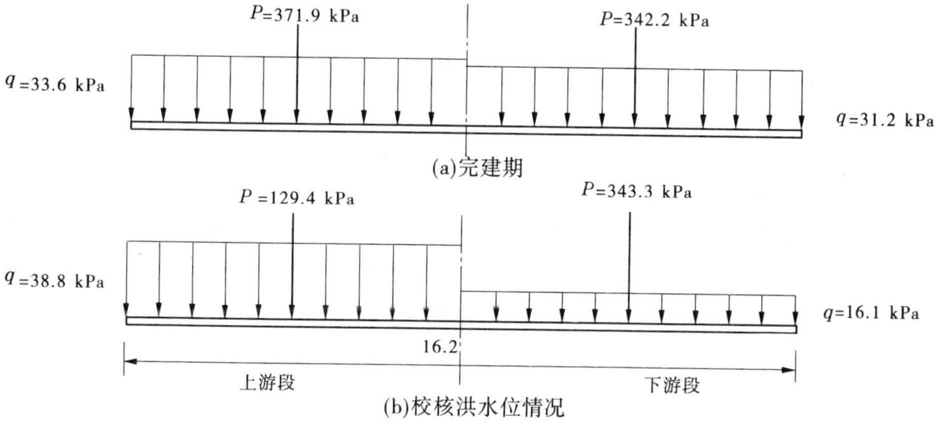


**图5-6 板条荷载图**

3.4.2 校核洪水位

校核洪水位情况的板条荷载见图5-6(b)。

3.4.2.1 上游段

均布荷载：

$$q = \frac{5\ 285.1}{5.49 \times 16.2} + \frac{7\ 429.7}{5.49 \times 14} - \frac{8\ 098}{5.49 \times 16.2} - \frac{0.03 \times 1\ 626.6}{5.49 \times 16.2} = 38.8(\text{kPa})(\downarrow)$$

闸墩处的集中荷载：

$P$ = 闸墩及其上部结构的重力 − 均布荷载中多计算的闸墩处的水重力 − 不平衡剪力的分配值，即

$$P = \frac{3\ 370.1 + 378 + 210 + 160 + 48}{2 \times 5.49} - \frac{7\ 429.7}{5.49 \times 14} \times 1.1 - \frac{0.97 \times 1\ 626.6}{2 \times 5.49} = 129.4(\text{kPa})(\downarrow)$$

3.4.2.2 下游段

均布荷载：

$$q = \frac{5\ 285.1 - 14\ 276}{16.2 \times 10.51} + \frac{1\ 626.6 \times 0.03}{16.2 \times 10.51} + \frac{8\ 837.8}{9.91 \times 14} = 16.1(\text{kPa})(\downarrow)$$

闸墩处的集中荷载：

$$P = \frac{5\ 083.1 + 1\ 346 + 250 + 424 + 48}{2 \times 10.51} - \frac{8\ 837.8}{9.91 \times 14} \times 1.1 + \frac{0.97 \times 1\ 626.6}{2 \times 10.51} = 343.3(\text{kPa})(\downarrow)$$

### 3.5　弯矩计算

#### 3.5.1　梁的柔性指数

柔性指数按下式计算：

$$t = 10 \times \frac{E_0}{E_h} \times \left(\frac{L}{h}\right)^3$$

式中　$E_0$——地基土变形模量，$E_0 = 4.0 \times 10^4$ kPa；

$E_h$——混凝土弹性模量，$E_h = 2.3 \times 10^7$ kPa；

$h$——梁高，m。

则

$$t = 10 \times \frac{4.0 \times 10^4}{2.3 \times 10^7} \times \left(\frac{8.1}{1.2}\right)^3 = 5.35$$

所以，按 $t = 5$ 查表计算。因 $1 < t < 10$，故为短梁。

#### 3.5.2　弯矩计算

由于地基可压缩层较厚，其与地基梁半长 $L$ 之比大于 2，故可按半无限深的弹性地基梁计算。弯矩计算见表 5-3。

由于闸基为黏性土，根据《水闸设计规范（试行）》（SD 133—84）规定，若边荷载产生的弯矩使梁上弯矩减少（有利时），则完全不计边荷载的影响；若边荷载的影响对梁弯矩不利，应 100% 考虑其影响。根据表 5-3 作出梁的弯矩包络图，见图 5-7。

### 3.6　配筋计算

由表 5-3 可见：对于上游段，$M_{max} = 628.5$ kN · m，$M_{min} = -367.7$ kN · m；对于下游段 $M_{max} = 579.7$ kN · m，$M_{min} = -394.6$ kN · m。上、下游段的弯矩值比较接近，故底板采用统一配筋。底层按 $M = 628.5$ kN · m 配筋，面层按 $M = 394.6$ kN · m 配筋。

选用 Ⅰ 级钢筋：

$$\alpha_s = \frac{\gamma_d M}{f_c b h_0^2},\quad \xi = 1 - \sqrt{1 - 2\alpha_s},\quad A_s = \frac{f_c \xi b h_0}{f_y}$$

$\gamma_d = 1.2, b = 1.0, h_0 = 1.2 - 0.05 = 1.15, f_c = 7.5\ \text{N/mm}^2, f_y = 210\ \text{N/mm}^2$

底层：

$$\alpha_s = \frac{1.2 \times 628.5 \times 10^6}{7.5 \times 1\ 000 \times 1.15^2 \times 10^6} = 0.076$$

$$\xi = 1 - \sqrt{1 - 2 \times 0.076} = 0.079$$

$$A_s = \frac{7.5 \times 0.079 \times 1\ 000 \times 1.15 \times 10^3}{210} = 3\ 251.7(\text{mm}^2)$$

选用Φ 22@ 110，$A_s = 3\ 456\ \text{mm}^2$。

面层：

$$\alpha_s = \frac{1.2 \times 349.6 \times 10^6}{7.5 \times 1\ 000 \times 1.15^2 \times 10^6} = 0.048$$

表 5-3 底板弯矩计算表

| 段别 | $\xi$ | 弯矩系数$\overline{M}$ | | | | | | 板带上荷载产生的弯矩 | | | | | | 备注 |
|---|---|---|---|---|---|---|---|---|---|---|---|---|---|---|
| | | 板带荷载 | | 边荷载 | | | | 完建期 | | | 校核洪水位情况 | | | |
| | | 均布荷载 $q$ | 集中荷载 $P(\partial)=\pm0.5$ | $P'$ | | $P''$ | | $q_{上}=33.6$ kN/m $q_{下}=31.2$ kN/m | $P_{上}=371.6$ kN $P_{下}=342.2$ kN | Σ | $q_{上}=33.6$ kN/m $q_{下}=31.2$ kN/m | $P_{上}=371.6$ kN $P_{下}=342.2$ kN | Σ | |
| | | (1) | (2) | (3) | (3)′ | (4) | (4)′ | (5) = (1) $\times qL^2$ | (6) = (2) $\times PL$ | (7) = (5) + (6) | (8) = (1) $\times qL^2$ | (9) = (2) $\times PL$ | (10) = (8) + (9) | |
| 上游段 | 0.0 | 0.080 | 0.06 | −22.7 | −3.0 | −22.7 | −3.0 | 176.4 | 180.6 | 357.0 | 203.7 | 62.9 | 266.5 | ①$L=8.1$ m ②$t=5$ |
| | 0.1 | 0.079 | 0.07 | −23.5 | −3.1 | −23.5 | −3.1 | 174.2 | 210.7 | 384.9 | 201.1 | 73.4 | 274.5 | |
| | 0.2 | 0.076 | 0.08 | −23.7 | −3.0 | −23.7 | −3.0 | 167.5 | 240.8 | 408.3 | 193.5 | 83.9 | 277.3 | |
| | 0.3 | 0.070 | 0.10 | −22.9 | −2.9 | −22.9 | −2.9 | 154.3 | 301.0 | 455.3 | 178.2 | 104.8 | 283.0 | |
| | 0.4 | 0.063 | 0.13 | −21.4 | −2.5 | −21.4 | −2.5 | 138.9 | 391.3 | 530.2 | 160.4 | 136.3 | 296.6 | |
| | 0.5 | 0.053 | 0.17 | −19.2 | −2.2 | −19.2 | −2.2 | 116.8 | 511.7 | 628.5 | 134.9 | 178.2 | 313.1 | |
| | 0.6 | 0.042 | 0.12 | −15.3 | −1.8 | −15.3 | −1.8 | 92.6 | 361.2 | 453.8 | 106.9 | 125.8 | 232.7 | |
| | 0.7 | 0.029 | 0.07 | −11.7 | −1.3 | −11.7 | −1.3 | 63.9 | 210.7 | 274.6 | 73.8 | 73.4 | 147.2 | |
| | 0.8 | 0.016 | 0.04 | −6.7 | −0.8 | −6.7 | −0.8 | 35.3 | 120.4 | 155.7 | 40.7 | 41.9 | 82.7 | |
| | 0.9 | 0.005 | 0.01 | −2.2 | −0.2 | −2.2 | −0.2 | 11.0 | 30.1 | 41.1 | 12.7 | 10.5 | 23.2 | |
| | 1.0 | 0.000 | 0.00 | 0.0 | 0.0 | 0.0 | 0.0 | 0.0 | 0.0 | 0.0 | 0.0 | 0.0 | 0.0 | |

**续表 5-3**

| 段别 | $\xi$ | 弯矩系数$\overline{M}$ | | | | | | 板带上荷载产生的弯矩 | | | | | | 备注 |
|---|---|---|---|---|---|---|---|---|---|---|---|---|---|---|
| | | 板带荷载 | | 边荷载 | | | | 完建期 | | | 校核洪水位情况 | | | |
| | | 均布荷载 $q$ | 集中荷载 $P(\partial)=\pm 0.5$ | $P'$ | | $P''$ | | $q_{上}=33.6$ kN/m $q_{下}=31.2$ kN/m | $P_{上}=371.6$ kN $P_{下}=342.2$ kN | $\Sigma$ | $q_{上}=33.6$ kN/m $q_{下}=31.2$ kN/m | $P_{上}=371.6$ kN $P_{下}=342.2$ kN | $\Sigma$ | |
| | | (1) | (2) | (3) | (3)′ | (4) | (4)′ | (5) = (1) × $qL^2$ | (6) = (2) × $PL$ | (7) = (5) + (6) | (8) = (1) × $qL^2$ | (9) = (2) × $PL$ | (10) = (8) + (9) | |
| 下游段 | 0.0 | 0.080 | 0.06 | −22.7 | −3.0 | −22.7 | −3.0 | 163.8 | 166.3 | 330.1 | 84.5 | 166.8 | 251.3 | ③边荷载使梁上大部分处的弯矩改变符号,对梁的内力是不利的 |
| | 0.1 | 0.079 | 0.07 | −23.5 | −3.1 | −23.5 | −3.1 | 161.7 | 194.0 | 355.7 | 83.4 | 194.7 | 278.1 | |
| | 0.2 | 0.076 | 0.08 | −23.7 | −3.0 | −23.7 | −3.0 | 155.6 | 221.7 | 377.3 | 80.3 | 222.5 | 302.7 | |
| | 0.3 | 0.070 | 0.10 | −22.9 | −2.9 | −22.9 | −2.9 | 143.3 | 277.2 | 420.5 | 73.9 | 278.1 | 352.0 | |
| | 0.4 | 0.063 | 0.13 | −21.4 | −2.5 | −21.4 | −2.5 | 129.0 | 360.3 | 489.3 | 66.5 | 361.5 | 428.0 | |
| | 0.5 | 0.053 | 0.17 | −19.2 | −2.2 | −19.2 | −2.2 | 108.5 | 471.2 | 579.7 | 56.0 | 472.7 | 528.7 | |
| | 0.6 | 0.042 | 0.12 | −15.3 | −1.8 | −15.3 | −1.8 | 86.0 | 332.6 | 418.6 | 44.4 | 333.7 | 378.1 | |
| | 0.7 | 0.029 | 0.07 | −11.7 | −1.3 | −11.7 | −1.3 | 59.4 | 194.0 | 253.4 | 30.6 | 194.7 | 225.3 | |
| | 0.8 | 0.016 | 0.04 | −6.7 | −0.8 | −6.7 | −0.8 | 32.8 | 110.9 | 143.6 | 16.9 | 111.2 | 128.1 | |
| | 0.9 | 0.005 | 0.01 | −2.2 | −0.2 | −2.2 | −0.2 | 10.2 | 27.7 | 38.0 | 5.3 | 27.8 | 33.1 | |
| | 1.0 | 0.000 | 0.00 | 0.0 | 0.0 | 0.0 | 0.0 | 0.0 | 0.0 | 0.0 | 0.0 | 0.0 | 0.0 | |

续表 5-3

| 段别 | $\xi$ | 边荷载产生的弯矩值 $M_B$(kN·m) | | | | | | | | 弯矩总和(kN·m) | | 备注 |
|---|---|---|---|---|---|---|---|---|---|---|---|---|
| | | 完建期 | | | | 校核洪水位情况 | | | | $M_{总}=M+M_B$ | | |
| | | $P'_1=\cdots P'_{10}=$ 150.6 kN | $P'_1=\cdots P'_{10}=$ 150.6 kN | $P'_{11}=\cdots P'_{15}=$ 351.6 kN | $P'_{11}=\cdots P'_{15}$ =351.6 kN | $P'_1=\cdots P'_{10}=$ 88.1 kN(上) $P'_1=\cdots$ $P'_{10}=$ 93.0kN(下) | $P'_1=\cdots P'_{10}=$ 88.1 kN(上) $P'_1=$ $\cdots P'_{10}=$ 93.0 kN(下) | $P'_{11}=\cdots P'_{15}=$ 88.1 kN(上) $P'_1=\cdots$ $P'_{15}=93.0$ kN(下) | $P'_{11}=\cdots P'_{15}=$ 88.1 kN(上) $P'_1=\cdots$ $P'_{15}=$ 93.0 kN(下) | 完建期 | 校核洪水位情况 | |
| | | (11) = (3) × 0.01$P'L$ | (12) = (4) × 0.01$P'L$ | (13) = (3)′ × 0.01$P'L$ | (14) = (4)′ × 0.01$P'L$ | (15) = (3)′ × 0.01$P'L$ | (16) = (4) × 0.01$P'L$ | (13) = (3)′ × 0.01$P'L$ | (14) = (4)′ × 0.01$P'L$ | (19) = (7) + (11) + (12) + (13) + (14) | (20) = (8) + (15) + (16) + (17) + (18) | |
| 上游段 | 0.0 | -276.9 | -276.9 | -85.4 | -85.4 | -162.0 | -21.4 | -57.6 | -57.6 | -367.7 | -32.1 | ①$L=$ 8.1 m ②$t=5$ |
| | 0.1 | -286.7 | -286.7 | -88.3 | -88.3 | -167.7 | -22.1 | -59.6 | -59.6 | -365.1 | -34.5 | |
| | 0.2 | -289.1 | -289.1 | -85.4 | -85.4 | -169.1 | -21.4 | -57.6 | -57.6 | -340.8 | -28.5 | |
| | 0.3 | -279.3 | -279.3 | -82.6 | -82.6 | -163.4 | -20.7 | -55.7 | -55.7 | -268.6 | -12.5 | |
| | 0.4 | -261.1 | -261.1 | -71.2 | -71.2 | -152.7 | -17.8 | -48.0 | -48.0 | -134.3 | 30.0 | |
| | 0.5 | -234.2 | -234.2 | -62.7 | -62.7 | -137.0 | -15.7 | -42.3 | -42.3 | 34.8 | 75.9 | |
| | 0.6 | -186.6 | -186.6 | -51.3 | -51.3 | -109.2 | -12.8 | -34.6 | -34.6 | -22.0 | 41.5 | |
| | 0.7 | -142.7 | -142.7 | -37.0 | -37.0 | -83.5 | -9.3 | -25.0 | -25.0 | -84.9 | 4.5 | |
| | 0.8 | -81.7 | -81.7 | -22.8 | -22.8 | -47.8 | -5.7 | -15.4 | -15.4 | -53.4 | -1.6 | |
| | 0.9 | -26.8 | -26.8 | -5.7 | -5.7 | -15.7 | -1.4 | -3.8 | -3.8 | -23.9 | -1.6 | |
| | 1.0 | 0.0 | 0.0 | 0.0 | 0.0 | 0.0 | 0.0 | 0.0 | 0.0 | 0.0 | 0.0 | |

续表 5-3

| 段别 | $\xi$ | 边荷载产生的弯矩值 $M_B$(kN · m) | | | | | | | | 弯矩总和(kN · m) | | 备注 |
|---|---|---|---|---|---|---|---|---|---|---|---|---|
| | | 完建期 | | | | 校核洪水位情况 | | | | $M_总 = M + M_B$ | | |
| | | $P'_1 = \cdots P'_{10} =$ 150.6 kN | $P'_1 = \cdots P'_{10} =$ 150.6 kN | $P'_{11} = \cdots P'_{15} =$ 351.6 kN | $P'_{11} = \cdots P'_{15}$ =351.6 kN | $P'_1 = \cdots P'_{10} =$ 88.1 kN(上) $P'_1 = \cdots$ $P'_{10} =$ 93.0 kN (下) | $P'_1 = \cdots P'_{10} =$ 88.1 kN(上) $P'_1 =$ $\cdots P'_{10} =$ 93.0 kN(下) | $P'_{11} = \cdots P'_{15} =$ 88.1 kN(上) $P'_1 = \cdots$ $P'_{15}$ =93.0 kN(下) | $P'_{11} = \cdots P'_{15} =$ 88.1 kN(上) $P'_1 = \cdots$ $P'_{15} =$ 93.0 kN(下) | 完建期 | 校核洪水位情况 | |
| | | (11) = (3) × 0.01$P'L$ | (12) = (4) × 0.01$P'L$ | (13) = (3)′ × 0.01$P'L$ | (14) = (4)′ × 0.01$P'L$ | (15) = (3) × 0.01$P'L$ | (16) = (4) × 0.01$P'L$ | (13) = (3)′ × 0.01$P'L$ | (14) = (4)′ × 0.01$P'L$ | (19) = (7) + (11) + (12) + (13) + (14) | (20) = (8) + (15) + (16) + (17) + (18) | |
| 下游段 | 0.0 | −276.9 | −276.9 | −85.4 | −85.4 | −171.0 | −171.0 | −58.1 | −58.1 | −394.6 | −206.9 | ③边荷载使梁上大部分处的弯矩改变符号，对梁的内力是不利的 |
| | 0.1 | −286.7 | −286.7 | −88.3 | −88.3 | −177.0 | −177.0 | −60.1 | −60.1 | −394.2 | −196.1 | |
| | 0.2 | −289.1 | −289.1 | −85.4 | −85.4 | −178.5 | −178.5 | −58.1 | −58.1 | −371.8 | −170.6 | |
| | 0.3 | −279.3 | −279.3 | −82.6 | −82.6 | −172.5 | −172.5 | −56.2 | −56.2 | −303.4 | −105.4 | |
| | 0.4 | −261.1 | −261.1 | −71.2 | −71.2 | −161.2 | −161.2 | −48.4 | −48.4 | −175.2 | 8.7 | |
| | 0.5 | −234.2 | −234.2 | −62.7 | −62.7 | −144.6 | −144.6 | −42.6 | −42.6 | −14.0 | 154.2 | |
| | 0.6 | −186.6 | −186.6 | −51.3 | −51.3 | −115.3 | −115.3 | −34.9 | −34.9 | −57.2 | 77.8 | |
| | 0.7 | −142.7 | −142.7 | −37.0 | −37.0 | −88.1 | −88.1 | −25.2 | −25.2 | −106.1 | −1.4 | |
| | 0.8 | −81.7 | −81.7 | −22.8 | −22.8 | −50.5 | −50.5 | −15.5 | −15.5 | −65.4 | −3.8 | |
| | 0.9 | −26.8 | −26.8 | −5.7 | −5.7 | −16.6 | −16.6 | −3.9 | −3.9 | −27.1 | −7.8 | |
| | 1.0 | 0.0 | 0.0 | 0.0 | 0.0 | 0.0 | 0.0 | 0.0 | 0.0 | 0.0 | 0.0 | |

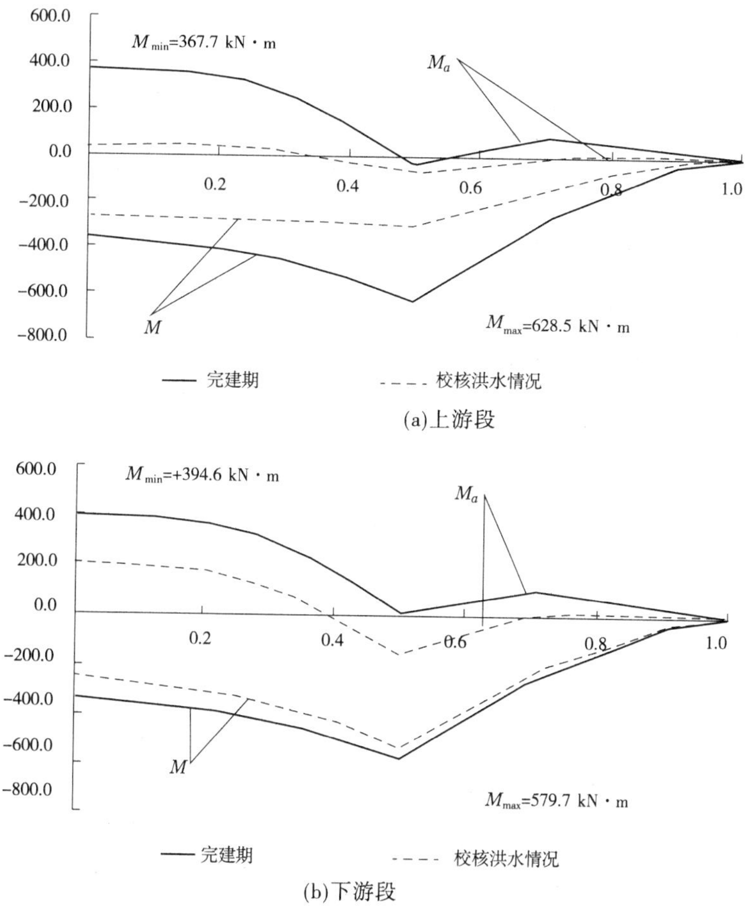


**图 5-7　弯矩包络图**

$$\xi = 1 - \sqrt{1 - 2 \times 0.048} = 0.049$$

$$A_s = \frac{7.5 \times 0.049 \times 1\ 000 \times 1.15 \times 10^3}{210} = 2\ 012.5(\text{mm}^2)$$

选用Φ 14@75，$A_s$ = 2 053 mm²。

顺水流向的架立钢筋选用Φ 10@333，底板配筋见图 5-8。

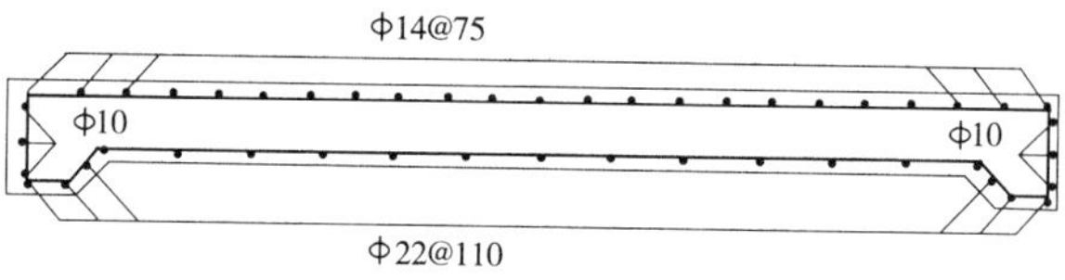


**图 5-8　底板配筋图**

## 3.7　裂缝校核

因面层钢筋量很小，可近似按单筋截面验算。

换算截面形心轴至受压边缘的距离 $x_0$ 和按换算截面对其形心轴的惯性矩 $J_0$ 分别为

$$\omega_{max} = \alpha_1\alpha_2\alpha_3 \frac{\sigma_s}{E_s}\left(3c + 0.1\frac{d}{\sigma_{te}}\right)$$

$$\sigma_s = \frac{M}{0.87h_0A_s} \doteq \frac{628.5 \times 10^6}{0.87 \times 1.15 \times 10^3 \times 3\ 456} = 181.77(\text{N/mm}^2)$$

$$A_{te} = 2ab = 2 \times 50 \times 1\ 000 = 100\ 000(\text{mm}^2)$$

$$\rho_{te} = \frac{A_s}{A_{te}} = \frac{3\ 456}{100\ 000} = 0.035$$

$\alpha_1 = 1.0, \alpha_2 = 1.0, \alpha_3 = 1.6, E_s = 2.1 \times 10^5\ \text{N/mm}^2, c = 40\ \text{mm}, d = 22\ \text{mm}$

$$\omega_{max} = 1.0 \times 1.0 \times 1.6 \times \frac{181.77}{2.1 \times 1.0^5} \times \left(3 \times 40 + 0.1 \times \frac{22}{0.035}\right)$$

$$= 0.17(\text{mm}) < [\omega_{max}] = 0.3\ \text{mm}$$

故满足要求。

# 项目6 细部构造设计

## 任务1 分缝方式及布置

整体式底板闸室沉降缝，一般设在闸墩中间，一孔、二孔或三孔一连，成为独立单元，见图6-1。其优点是保证在不均匀沉降时闸孔不变形，闸门仍然正常工作。靠近岸边时，为了减轻墙后填土对闸室的不利影响，特别是在地质条件较差时，最多一孔一缝或两孔一缝，而后再接二孔或三孔的闸室。如果地基条件较好，也可以将缝设在底板中间，这样不仅减小闸墩厚度和水闸总宽，底板受力条件也可改善，但地基不均匀沉降可能影响闸门工作。

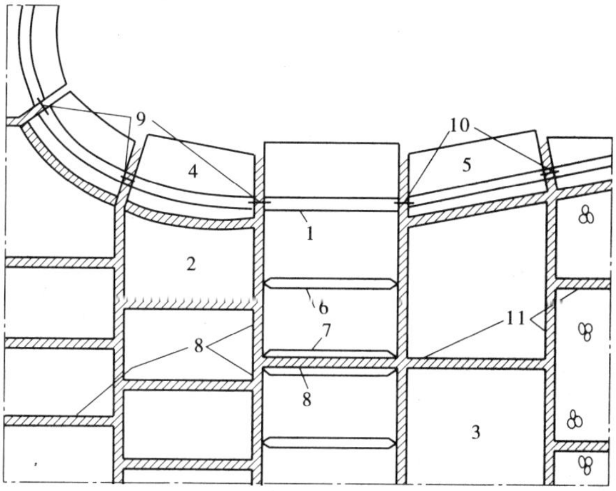


1—边墩；2—混凝土铺盖；3—消力池；4—上游翼墙；5—下游翼墙；6—中墩；7—缝墩；8—柏油油毛毡嵌紫铜片；9—垂直止水甲；10—垂直止水乙；11—柏油油毛毡止水

**图6-1 水闸分缝与止水布置**

土基上的水闸，不仅闸室本身分缝，凡相邻结构荷重相差悬殊或结构较长、面积较大的地方，都要设缝分开。例如，铺盖、护坦与底板、翼墙连接处都应设缝；翼墙、混凝土铺盖及消力池底板本身也需分段、分块。

## 任务2 止 水

凡具有防渗要求的缝，均应设止水设备。对止水设备的要求是：①应防渗可靠；②应能适应混凝土收缩及地基不均匀沉降的变形；③应结构简单，施工方便。

按止水所设置的位置不同可分为水平止水和铅直止水两种。

水平止水多布置在距上面0.2～0.3 m处。常用的止水形式如图6-2所示。水平止水只设一道，一般设在铺盖、消力池与底板和翼墙、底板与闸墩间以及混凝土铺盖、消力池本身的温度沉降缝内，重要的大型水闸应设两道。所有水平止水应布置在同一高程上；不可能时，可以缓坡相接，不能使用陡弯。

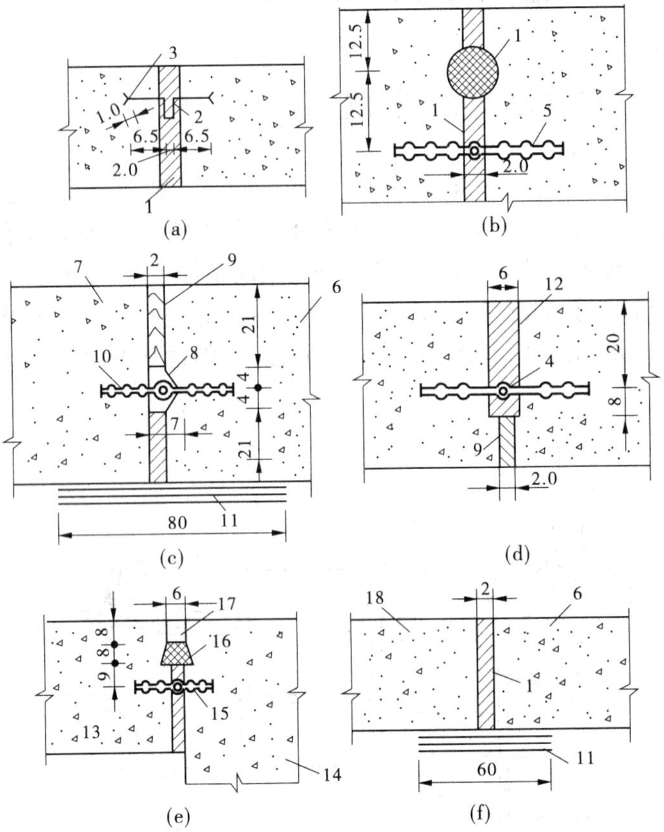


1—柏油毛毡填缝；2—灌 3 号松香柏油；3—紫铜片 1～1.5 mm/g；4—7 cm 柏油麻绳；5—塑料止水片；6—先浇铺盖；7—开浇铺盖；8—沉降缝；9—沥青杉木板；10—654 型塑料止水片；11—三层沥青麻袋；12—沥青砂浆嵌缝；13—小底板；14—底板；15—止水橡皮；16—沥青；17—二期混凝土；18—护坦

**图 6-2 水平止水形式** （单位：cm）

垂直止水（如岸、翼墙之间，上游翼墙分段缝及缝墩中的缝等）应在距临水面 0.2～0.5 m 处布置。缝墩内的止水宜靠近闸门并略偏上游，重要的水闸在垂直止水之后还要设检查井，以检查止水和缝的工作情况。如图 6-3（a）、（b）所示的止水构造多用于岸翼墙之间的沉降缝；图 6-3（c）多用于止水要求较高的缝；图 6-3（d）一般用于止水要求不太高的部位，如翼墙的分段缝等。

两种止水交叉处的构造必须妥善处理，以便形成一个完整的止水体系。交叉连接有两类，即铅直交叉和水平交叉。交叉处止水片的连接方式也可分为两种：一种是柔性连接，即将金属止水片的接头部分埋在沥青块体中；另一种是刚性连接，即将金属止水片剪裁后焊接成整体。

常用的止水材料有紫铜片、橡皮止水带等。在实际工程中可根据交叉类型及施工条件决定连接方式，水平止水与水平止水交叉处多用刚性连接，采用焊接。垂直止水与水平

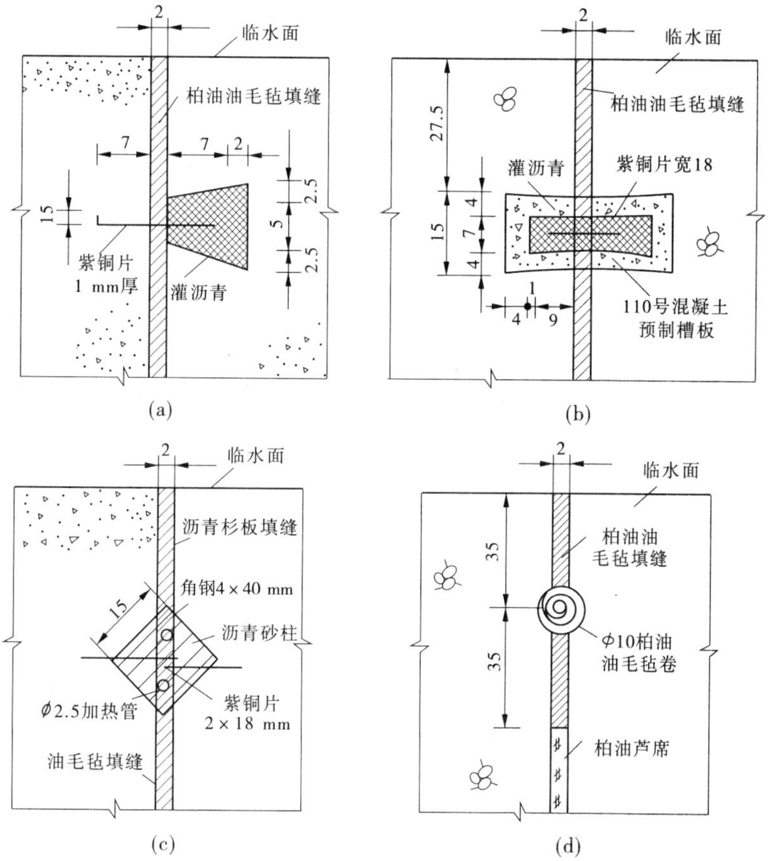


**图6-3　垂直止水构造**　（单位:cm）

止水相交处,常用柔性连接。多以沥青块体构成密封系统。位于非防渗范围内的缝,可铺贴沥青油毡止水片。

# 项目7 施工水流控制

## 任务1 施工导流的概念

一项水利工程施工，在其中某一部位或某一阶段的施工期内，为了避免内外水的干扰，一般用围堰把施工地段保护起来，然后用明渠、隧洞或渡槽等把施工期内的来水从上游安全地导引到下游。这种设施称为导流工程，包括围堰和导流设施两个部分。在遭遇一定防洪标准的外水考验时，能给施工足够的安全防护和排水能力；出现特殊情况时，也有条件采取必要的应急手段。

施工导流的任务和目的，就是为施工创造一个对外有一定安全保证，并尽可能减少内水干扰的良好条件。因此，施工导流是水工建筑物动工前必须做好的重要准备工作之一。它对于提高工效，缩短工期，保障安全，节约人力、物力、财力，提前发挥工程效益，都有着十分重要的意义。

小型水工建筑物只要抓住时机把受外水影响较大的部位，在一个枯水期内完成，这样只要枯水期导流需要，导流工程难度将大大减小，资金、人力也可大大节约。

## 任务2 施工导流

施工导流的基本方法及解决问题见表7-1。

**表7-1 施工导流的基本方法及解决问题**

| | 方法 | 问题 |
|---|---|---|
| 施工导流 | 导 | 如何将水流导向下游 |
| | 截 | 如何将原河床的水流拦断，使其按照我们的意图下泄 |
| | 拦 | 如何在洪水来临时，拦住洪水，保证整个水利枢纽的安全度汛 |
| | 蓄 | 如何在工程建设的中后期及时蓄水，保证工程的效益按时发挥 |
| | 泄 | 如何保证水流顺畅流向下游 |

## 任务3 导流建筑物

导流建筑物是指枢纽工程施工期所使用的临时性挡水建筑物和泄水建筑物。导流挡水建筑物主要是围堰。导流泄水建筑物包括导流明渠、导流隧洞、导流涵管、导流底孔等临时建筑物和部分利用的永久性泄水建筑物。

## 1 导流明渠

上下游围堰一次拦断河床形成基坑，保护主体建筑物干地施工，天然河道水流经河岸或滩地上开挖的导流明渠泄向下游的导流方式称为明渠导流。

### 1.1 明渠导流的适用条件

如坝址河床较窄，或河床覆盖层很深，分期导流困难，且具备下列条件之一者，可考虑采用明渠导流：

(1)河床一岸有较宽的台地、垭口或古河道；

(2)导流流量大，地质条件不适于开挖导流隧洞；

(3)施工期有通航、排冰、过木要求；

(4)总工期紧，不具备洞挖经验和设备。

国内外工程实践证明，在导流方案比较过程中，当明渠导流和隧洞导流均可采用时，一般是倾向于明渠导流，这是因为明渠开挖可采用大型设备，加快施工进度，对主体工程提前开工有利。当施工期间河道有通航、过木和排冰要求时，明渠导流更是明显有利。

### 1.2 导流明渠布置

导流明渠布置分在岸坡上和滩地上两种布置形式。

#### 1.2.1 导流明渠轴线的布置

导流明渠应布置在较宽台地、垭口或古河道一岸；渠身轴线要伸出上下游围堰外坡脚，水平距离要满足防冲要求，一般为 50～100 m；明渠进出口应与上下游水流相衔接，与河道主流的交角以 30°为宜；为保证水流畅通，明渠转弯半径应大于 5 倍渠底宽；明渠轴线布置应尽可能缩短明渠长度和避免深挖方。

#### 1.2.2 明渠进出口位置和高程的确定

明渠进出口力求不冲、不淤和不产生回流，可通过水力学模型试验调整进出口形状和位置，以达到这一目的；进口高程按截流设计选择，出口高程一般由下游消能控制；进出口高程和渠道水流流态应满足施工期通航、过木和排冰要求；在满足上述条件下，尽可能抬高进出口高程，以减少水下开挖量。

### 1.3 导流明渠断面设计

(1)明渠断面尺寸的确定。明渠断面尺寸由设计导流流量控制，并受地形地质和允许抗冲流速影响，应按不同的明渠断面尺寸与围堰的组合，通过综合分析确定。

(2)明渠断面形式的选择。明渠断面一般设计成梯形，渠底为坚硬基岩时，可设计成矩形。有时为满足截流和通航不同目的，也有设计成复式梯形断面的。

(3)明渠糙率的确定。明渠糙率大小直接影响到明渠的泄水能力，而影响糙率大小的因素有衬砌的材料、开挖的方法、渠底的平整度等，可根据具体情况查阅有关手册确定，对大型明渠工程，应通过模型试验选取糙率。

### 1.4 明渠封堵

导游明渠结构布置应考虑后期封堵要求。当施工期有通航、放木和排冰任务，明渠较宽时，可在明渠内预设闸门墩，以利于后期封堵。施工期无通航、过木和排冰任务时，应于明渠通水前，将明渠坝段施工到适当高程，并设置导流底孔和坝面口使两者联合泄流。

## 2　导流隧洞

上下游围堰一次拦断河床形成基坑，保护主体建筑物干地施工，天然河道水流全部由导流隧洞宣泄的导流方式称为隧洞导流。

### 2.1　隧洞导流适用条件

导流流量不大，坝址河床狭窄，两岸地形陡峻，如一岸或两岸地形、地质条件良好，可考虑采用隧洞导流。

### 2.2　导流隧洞的布置

(1)隧洞轴线沿线地质条件良好，足以保证隧洞施工和运行的安全。

(2)隧洞轴线宜按直线布置，如有转弯，转弯半径不小于5倍洞径(或洞宽)，转角不宜大于60°，弯道首尾应设直线段，长度不应小于3～5倍的洞径(或洞宽)；进出口引渠轴线与河流主流方向夹角宜小于30°。

(3)隧洞间净距、隧洞与永久性建筑物间距、洞脸与洞顶围岩厚度均应满足结构和应力要求。

隧洞进出口位置应保证水力学条件良好，并伸出堰外坡脚一定距离，一般距离应大于50 m，以满足围堰防冲要求。进口高程多由截流控制，出口高程由下游消能控制，洞底按需要设计成缓坡或急坡，避免成反坡。

### 2.3　导流隧洞断面设计

隧洞断面尺寸的大小取决于设计流量、地质和施工条件，洞径应控制在施工技术和结构安全允许范围内，目前国内单洞断面尺寸多在200 $m^2$ 以下，单洞泄量不超过2 000～2 500 $m^3/s$。

隧洞断面形式取决于地质条件、隧洞工作状况(有压或无压)及施工条件，常用断面形式有圆形、马蹄形、方圆形，如图7-1所示。圆形多用于高水头处，马蹄形多用于地质条件不良处，方圆形有利于截流和施工，国内外导流隧洞采用方圆形为多。

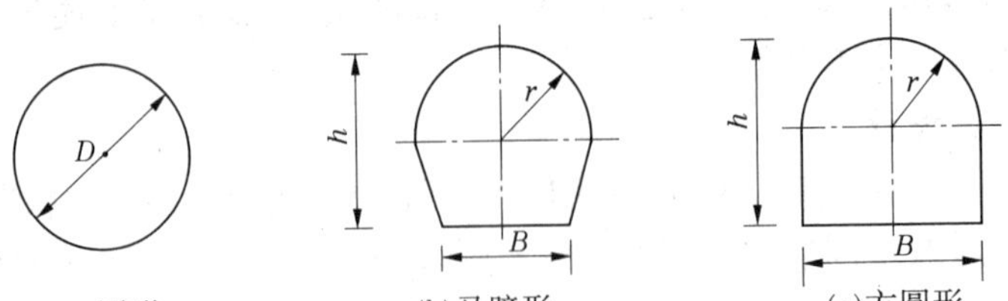

(a)圆形　(b)马蹄形　(c)方圆形

图7-1　隧洞断面形式

洞身设计中，糙率 $n$ 值的选择是十分重要的问题，糙率的大小直接影响到断面的大小，而衬砌与否、衬砌的材料和施工质量、开挖的方法和质量则是影响糙率大小的因素。一般混凝土衬砌糙率值为0.014～0.017；不衬砌隧洞的糙率变化较大，光面爆破时为0.025～0.032，一般炮眼爆破时为0.035～0.044。设计时根据具体条件，查阅有关手册，选取设计的糙率值。

对重要的导流隧洞工程，应通过水工模型试验验证其糙率的合理性。

导流隧洞设计应考虑后期封堵要求，布置封堵闸门门槽及启闭平台设施。有条件者，导流隧洞应与永久隧洞结合，以利节省投资（如小浪底工程的三条导流隧洞后期将改建为三条孔板消能泄洪洞）。一般高水头枢纽，导流隧洞只可能与永久隧洞部分相结合，中低水头则有可能全部相结合。

## 3 围堰

围堰是导流工程中临时的挡水建筑物，用来围护施工中的基坑，保证水工建筑物能在干地施工。在导流任务结束后，如果围堰对永久性建筑物的运行有妨碍或没有考虑作为永久性建筑物的一部分，应予拆除。

水利水电工程中经常采用的围堰，按其所使用的材料，可以分为土石围堰、混凝土围堰、钢板桩格型围堰和草土围堰等。

按围堰与水流方向的相对位置，可分为横向围堰和纵向围堰。

按导流期间基坑淹没条件，可以分为过水围堰和不过水围堰。过水围堰除需要满足一般围堰的基本要求，还要满足围堰顶过水的专门要求。

选择围堰形式时，必须根据当时当地的具体条件，在满足下述基本要求的原则下，通过技术经济比较加以选定：

（1）具有足够的稳定性、防渗性、抗冲性和一定的强度。

（2）造价低，构造简单，修建、维护和拆除方便。

（3）围堰的布置应力求使水流平顺，不发生严重的水流冲刷。

（4）围堰接头和岸边连接都要安全可靠，不至于因集中渗漏等破坏作用而引起围堰失事。

（5）有必要时应设置抵抗冰凌、船筏的冲击和破坏的设施。

### 3.1 土石围堰

土石围堰是水利水电工程中采用最为广泛的一种围堰形式。它是用当地材料填筑而成的围堰，不仅可以就地取材和充分利用开挖弃料做围堰填料，而且构造简单，施工方便，易于拆除，工程造价低，可以在流水中、深水中、岩基或有覆盖层的河床上修建。但其工程量较大，堰身沉陷变形也较大，如柘溪水电站的土石围堰一年中累计沉陷量最大达40.1 cm，为堰高的1.75%。一般为0.8%~1.5%。

因土石围堰断面较大，一般用于横向围堰，但在宽阔河床的分期导流中，由于围堰束窄河床增加的流速不大，也可作为纵向围堰，但需注意防冲设计，以保围堰安全。

土石围堰的设计与土石坝基本相同，但其结构形式在满足导流期正常运行的情况下应力求简单，便于施工。

### 3.2 混凝土围堰

混凝土围堰的抗冲与抗渗能力强，挡水水头高，底宽小，易于与永久性混凝土建筑物相连接，必要时还可以过水，因此采用的比较广泛。在国外，采用拱形混凝土围堰的工程较多。近年来，国内贵州省的乌江渡、湖南省的凤滩等水利水电工程也采用过拱形混凝土围堰作为横向围堰，但多数还是以重力式围堰作为纵向围堰，如我国的三门峡、丹江口、三峡工程的混凝土纵向围堰均为重力式混凝土围堰。

### 3.3 钢板桩格型围堰

钢板桩格型围堰是重力式挡水建筑物，由一系列彼此相接的格体构成，按照格体的平面形状，可分为圆筒形格体、扇形格体和花瓣形格体。这些形式适用于不同的挡水高度，应用较多的是圆筒形格体。

如图 7-2 所示，为钢板桩格型围堰的平面示意图。它是由许多钢板桩通过锁口互相连接而成为格形整体。钢板桩的锁口有握裹式、互握式和倒钩式三种，见图 7-3。格体内填充透水性强的填料，如砂、砂卵石或石渣等。在向格体内进行填料时，必须保持各格体内的填料表面大致均衡上升，因高差太大会使格体变形。

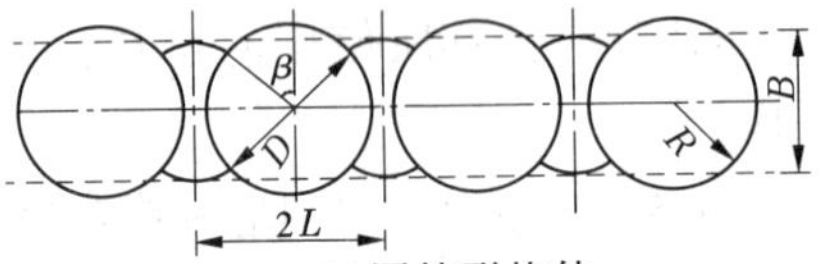

(a)圆筒形格体

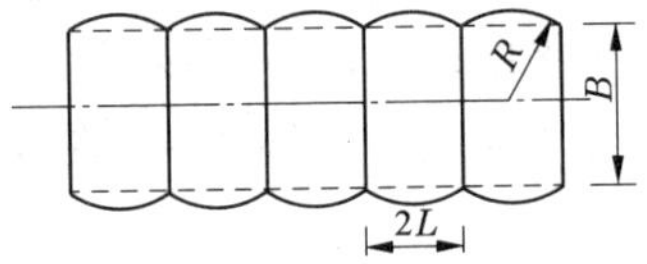

(b)扇形格体

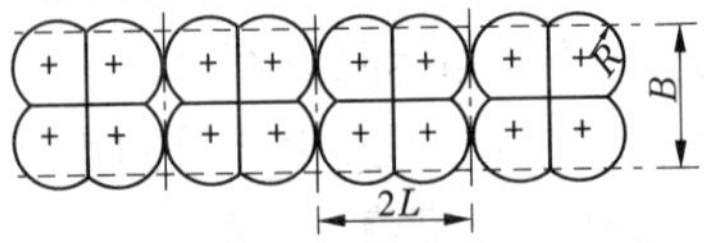

(c)花瓣形格体

图 7-2　钢板桩格型围堰的平面示意图

钢板桩格型围堰坚固、抗冲、抗渗、围堰断面小，便于机械化施工；钢板桩的回收率高，可达 70% 以上；尤其适用于束窄度大的河床段作为纵向围堰，但由于需要大量的钢材，且施工技术要求高，我国目前仅应用于大型工程中。

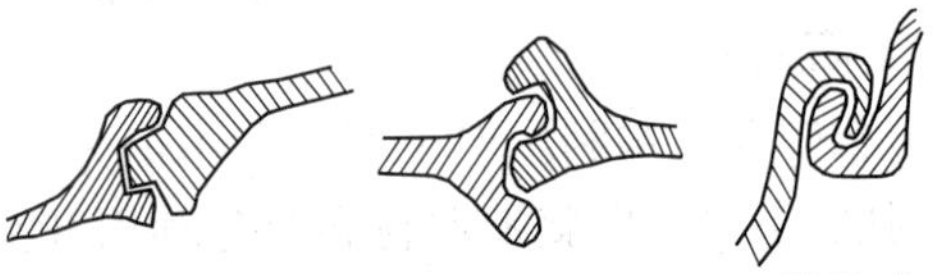
(a)握裹式　(b)互握式　(c)倒钩式

图 7-3　钢板桩锁口示意图

圆筒形格体钢板桩围堰，一般适用的挡水高度小于 15 ~ 18 m，可以建在岩基上或非岩基上，也可作为过水围堰用。

圆筒形格体钢板桩围堰的修建由定位、打设模架支柱、模架就位、安插钢板桩、打设钢板桩、填充料渣、取出模架及其支柱和填充料渣到设计高程等工序组成。圆筒形格体钢板桩围堰一般需在流水中修筑，受水位变化和水面波动的影响较大，施工难度较大。

## 任务 4　导流标准

导流建筑物级别及其设计洪水标准，简称施工导流标准。

导流设计流量的大小取决于导流设计的洪水频率标准，通常简称为导流设计标准。

施工期可能遭遇的洪水是一个随机事件。如果标准太低，不能保证工程的施工安全；

反之，则使导流工程设计规模过大，不仅导流费用增加，而且可能因其规模太大而无法按期完工，造成工程施工的被动局面。因此，导流设计标准的确定，实际是要在经济性与风险性之间加以抉择。根据《水利水电工程施工组织设计规范》（DL/T 5397—2007），在确定导流设计标准时，首先根据导流建筑物（指枢纽工程施工期所使用的临时性挡水和泄水建筑物）所保护对象、失事后果、使用年限和围堰工程规模划分为3、4、5三级，具体按表7-2确定，然后根据导流建筑物级别及导流建筑物类型确定导流标准，见表7-3。

**表7-2 导流建筑物级别划分**

| 建筑物级别 | 保护对象 | 失事后果 | 使用年限（年） | 围堰工程规模 | |
|---|---|---|---|---|---|
| | | | | 高度（m） | 库容（亿 $m^3$） |
| 3 | 有特殊要求的1级永久性建筑物 | 淹没重要城镇、工矿企业、交通干线或推迟总工期及第一台（批）机组发电工期，造成重大灾害和损失 | >3 | >50 | >1.0 |
| 4 | 1级、2级永久性建筑物 | 淹没一般城镇、工矿企业或影响总工期及第一台（批）机组发电工期，造成较大损失 | 2~3 | 15~50 | 0.1~1.0 |
| 5 | 3级、4级永久性建筑物 | 淹没基坑，但对总工期及第一台（批）机组发电工期影响不大，经济损失较小 | <2 | <15 | <0.1 |

注：1. 导流建筑物包括挡水建筑物和泄水建筑物，两者级别相同。
2. 表中所列四项指标均按导流分期划分。
3. 有特殊要求的1级永久性建筑物系指施工期不允许过水的土石坝及其他有特殊要求的永久性建筑物。
4. 使用年限系指导流建筑物每一施工阶段的工作年限，两个或两个以上施工阶段共用的导流建筑物，如一、二期共用的纵向围堰，其使用年限不能叠加计算。
5. 围堰工程规模一栏中，高度指挡水围堰最大高度，库容指堰前设计水位拦蓄在河内的水量，两者必须同时满足。

**表7-3 导流建筑物洪水标准划分（重现期）**

| 导流建筑物类型 | 导流建筑物级别 | | |
|---|---|---|---|
| | 3 | 4 | 5 |
| 土石 | 50~20 | 20~10 | 10~5 |
| 混凝土 | 20~10 | 10~5 | 5~3 |

在确定导流建筑物的级别时，当导流建筑物根据表7-2指标分属不同级别时，应以其中最高级别为准。但列为3级导流建筑物时，至少应有两项指标符合要求；不同级别的导流建筑物或同级导流建筑物的结构形式不同时，应分别确定洪水标准、堰顶超高值和结构设计安全系数；导流建筑物级别应根据不同的施工阶段按表7-2划分，同一施工阶段中的各导流建筑物的级别，应根据其不同作用划分；各导流建筑物的洪水标准必须相同，一般以主要挡水建筑物的洪水标准为准；利用围堰挡水发电时，围堰级别可提高一级，但必须

经过技术经济论证;导流建筑物与永久性建筑物结合时,结合部分结构设计应采用永久性建筑物级别标准,但导流设计级别与洪水标准仍按表 7-2 及表 7-3 规定执行。

当 4、5 级导流建筑物地基地质条件非常复杂,或工程具有特殊要求必须采用新型结构,或失事后淹没重要厂矿、城镇时,结构设计级别可以提高一级,但设计洪水标准不相应提高。

确定导流建筑物级别的因素复杂,当按表 7-2 和上述各条件确定的级别不合理时,可根据工程具体条件和施工导流阶段的不同要求,经过充分论证,予以提高或降低。

导流建筑物设计洪水标准。应根据建筑物的类型和级别在表 7-2 规定幅度内选择,并结合风险度综合分析,使所选择标准经济合理,对失事后果严重的工程,要考虑对超标准洪水的应急措施。

导流建筑物洪水标准,在下述情况下可用表 7-3 中的上限值:

(1)河流水文实测资料系列较短(小于 20 年)或工程处于暴雨中心区。

(2)采用新型围堰结构形式。

(3)处于关键施工阶段,失事后可能导致严重后果。

(4)导流工程规模、投资和技术难度用上限值与下限值相差不大。

临时性水工建筑物洪水标准应根据建筑物的结构类型和级别,在表 7-2 规定的幅度内,结合风险度综合分析合理选用。对失事后果严重的,应考虑遇超标准洪水的应急措施。

## 任务 5　施工导流方案

为了解决好施工导流问题,必须作好施工导流设计。施工导流设计的任务是分析研究当地的自然条件、工程特性和其他行业对水资源的需求来选择导流方案,划分导流时段,选定导流标准和导流设计流量,确定导流建筑物的形式、布置、构造和尺寸,拟定导流建筑物的修建、拆除、封堵的施工方法,拟定河道截流、拦洪度汛和基坑排水的技术措施,通过技术经济比较,选择一个最经济合理的导流方案。

水闸枢纽工程施工中所采用的导流方法通常不是单一的,而是几种导流方法组合起来配合运用,这种不同导流时段不同导流方法的组合称为导流方案。

## 任务 6　导流时段

导流时段就是按照导流程序划分的各施工阶段的延续时间。其实质是解决施工全过程中,逐年的枯水期的水怎么走,洪水期的水怎么过,也就是确定工程施工顺序和施工期不同时期宣泄不同导流流量的方式。

从广义来说,无论是分期导流,还是一次拦断,即使采用不过水围堰,通常也有导流时段划分的问题。不过对导流设计流量来说,时段划分主要是指枯水期施工时段的选择,或围堰挡水时段的选择。

# 任务7 导流方法

全段围堰法导流是在河床主体工程的上下游各建一道拦河围堰，使上游来水通过预先修筑的临时或永久性泄水建筑物（如明渠、隧洞等）泄向下游，主体建筑物在排干的基坑中进行施工，主体工程建成或接近建成时再封堵临时泄水道。这种方法的优点是工作面大，河床内的建筑物在一次性围堰的围护下建造，如能利用水利枢纽中的永久泄水建筑物导流，可大大节约工程投资。

全段围堰法按泄水建筑物的类型不同可分为明渠导流、隧洞导流、涵管导流等。

分段围堰法，也称分期围堰法或河床内导流，就是用围堰将建筑物分段分期围护起来进行施工的方法。图7-4是一种常见的分段围堰法导流示意图。

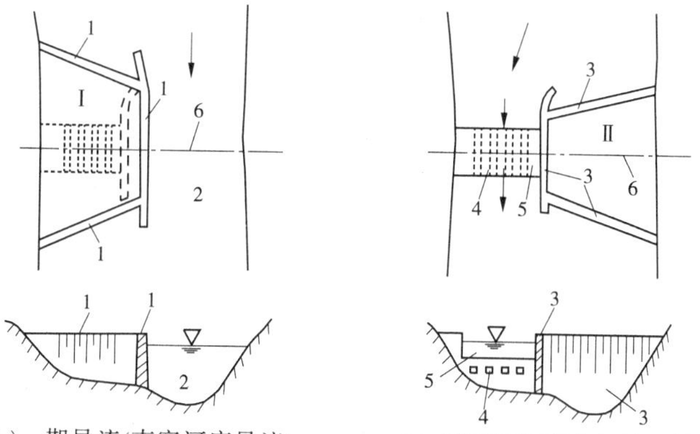

(a) 一期导流(束窄河床导流)　　(b)二期导流(底孔与缺口导流)

1—一期围堰；2—束窄河床；3—二期围堰；4—导流底孔；5—坝体缺口；6—坝轴线

**图7-4 分期导流布置示意图**

所谓分段，就是从空间上将河床围护成若干个干地施工的基坑段进行施工。所谓分期，就是从时间上将导流过程划分成阶段。图7-5为导流分期和围堰分段的几种情况，从图中可以看出，导流的分期数和围堰的分段数并不一定相同，因为在同一导流分期中，建筑物可以在一段围堰内施工，也可以同时在不同段内施工。必须指出，段数分的愈多，围堰工程量愈大，施工也愈复杂；同样，期数分的愈多，工期有可能拖得愈长。因此，在工程实践中，二段二期导流法采用得最多（如葛洲坝工程、三门峡工程等都采用）。只有在比较宽阔的通航河道上施工，不允许断航或其他特殊情况下，才采用多段多期导流法（如三峡工程施工导流就采用二段三期的导流法）。

分段围堰法导流一般适用于河床宽阔、流量大、施工期较长的工程，尤其在通航河流和冰凌严重的河流上。这种导流方法的费用较低，国内外一些大、中型水利水电工程采用较广。分段围堰法导流，前期由束窄的原河道导流，后期可利用事先修建好的泄水道导流，常见泄水道的类型有底孔、缺口等。

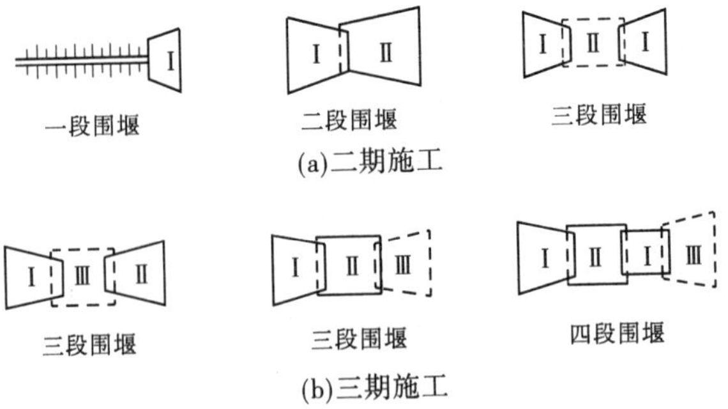


Ⅰ、Ⅱ、Ⅲ—表示施工分期

**图 7-5　导流分期与围堰分段示意图**

## 任务 8　导流建筑物的水力计算

导流水力计算的主要任务是计算各种导流泄水建筑物的泄水能力，以便确定泄水建筑物的尺寸和围堰高程。隧洞导流水力计算见《水力学》教材。下面介绍束窄河床水位壅高计算。

分期导流围堰束窄河床后，使天然水流发生改变，在围堰上游产生水位壅高如图 7-6 所示，其值可采用如下近似公式(7-1)试算，即先假设上游水位 $H_0$ 算出 $Z$ 值，以 $Z+t_{cp}$ 与所设 $H_0$ 比较，逐步修改 $H_0$ 值，直至接近 $Z+t_{cp}$ 值，一般 2 ~ 3 次即可。

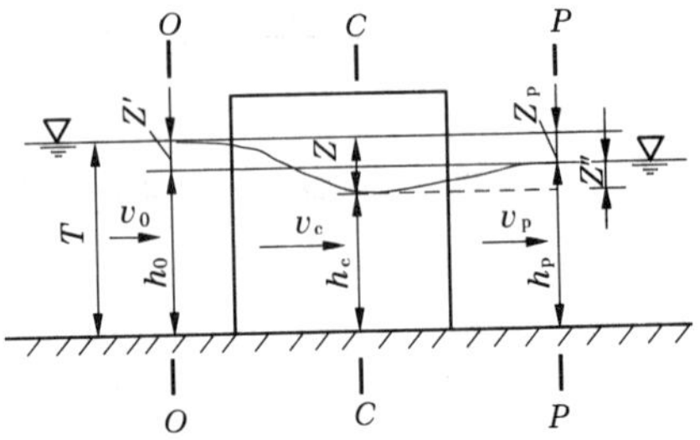


**图 7-6　束窄河床水力计算简图**

$$Z=\frac{1}{\varphi^2}\cdot\frac{v_c^2}{2g}-\frac{v_0^2}{2g} \tag{7-1}$$

$$v_c=\frac{Q}{W_c} \tag{7-2}$$

$$W_c=\varepsilon b_c t_{cp} \tag{7-3}$$

式中　$Z$——水位壅高，m；

$v_0$——行近流速，m/s；

$g$——重力加速度，取 9.8 m/s²；

$\varphi$——流速系数，与围堰布置形式有关，见表 7-4；

$v_c$——束窄河床平均流速，m/s；

$Q$——计算流量，m³/s；

$W_c$——收缩断面有效过水断面面积，m²；

$b_c$——束窄河段过水宽度，m；

$t_{cp}$——河道下游平均水深，m；

$\varepsilon$——过水断面侧收缩系数，单侧收缩时采用 0.95，两侧收缩时采用 0.90。

表 7-4 不同围堰布置的 $\varphi$ 值

| 布置形式 | 矩形 | 梯形 | 梯形且有导水墙 | 梯形且有上导水坝 | 梯形且有顺流丁坝 |
|---|---|---|---|---|---|
| 布置简图 | 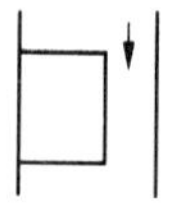 | 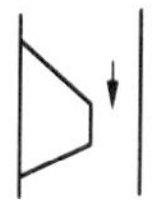 | 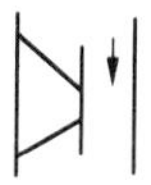 | 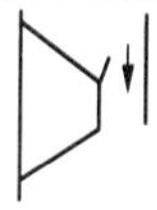 | 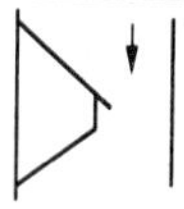 |
| $\varphi$ | 0.70～0.80 | 0.80～0.85 | 0.85～0.90 | 0.70～0.80 | 0.80～0.85 |

# 任务9 堰顶高程的确定

堰顶高程的确定取决于导流设计流量及围堰的工作条件。

下游横向围堰堰顶高程可按下式计算：

$$H_d = h_d + \delta \tag{7-4}$$

式中 $H_d$——下游围堰的顶部高程，m；

$h_d$——下游水位高程，m，可直接由天然河道水位流量关系曲线查得；

$\delta$——围堰的安全超高，一般结构不过水围堰可按表 7-5 查得，对于过水围堰为 0.2～0.5 m。

表 7-5 不过水围堰堰顶安全超高

| 围堰形式 | 围堰级别 | |
|---|---|---|
| | 3 | 4、5 |
| 土石围堰 | 0.7 | 0.5 |
| 混凝土围堰 | 0.4 | 0.3 |

上游围堰的堰顶高程由下式确定：

$$H_d = h_d + Z + h_a + \delta \tag{7-5}$$

式中 $H_d$——上游围堰顶部高程，m；

$Z$——上下游水位差，m；

$h_a$——波浪高度，可参照永久性建筑物的有关规定和其他专业规范计算，一般情况可以不计，但应适当增加超高。

纵向围堰的堰顶高程，应与堰侧水面曲线相适应。通常纵向围堰顶面往往做成阶梯形或倾斜状，其上、下游高程分别与相应的横向围堰同高。

# 项目 8 施工进度计划编制

## 任务 1 横道图基本概念

流水施工是一种比较科学的组织施工的方法,可以取得较好的经济效益,因此在工程施工组织中通常被广泛采用。

### 1 流水施工条件及技术经济效果

#### 1.1 组织流水施工的条件

(1)划分分部分项工程。

对一项工程要组织流水施工,首先应根据工程特点及施工要求,将拟建工程划分为若干个分部分项工程。

注意:在划分分项工程时,并不是所有施工工序都要列项,进行进度安排,应根据实际情况对进度的要求,确定粗细程度,适当合并项目。

(2)划分施工段。

划分施工段是为成批生产创造条件,任何施工过程如果只有一个施工段,则不存在流水施工。

组织流水时,根据工程实际情况,将施工对象在平面上或空间上划分为工程量大致相等的若干个施工部分,即施工段。

(3)每个施工过程组织独立的施工班组。

为了很好地组织流水,尽可能对每个施工过程组织独立施工班组,其形式可以是专业班组,也可以为混合班组。

#### 1.2 技术经济效果

(1)不仅提高了工人的技术水平和熟练程度,还有利于提高企业管理水平和经济效益。

(2)流水施工能够最大限度地充分利用工作面,因此在不增加施工人数的基础上,合理地缩短了工期。

(3)流水施工既有利于机械设备的充分利用,又有利于物资资源的均衡利用,便于施工现场的管理。

(4)流水施工工期较为合理。

### 2 流水施工分类

#### 2.1 按流水施工的组织范围分类

##### 2.1.1 细部流水(分项工程流水)

细部流水是指对某一分项工程组织的流水施工。

2.1.2 专业流水(分部工程流水)

专业流水的编制对象是一个分部工程,它是该分部工程中各细部流水的工艺组合,是组织项目流水的基础。

2.1.3 项目流水(单位工程流水)

项目流水是组织一个单位工程的流水施工,它以各分部工程的流水为基础,是各分部工程流水的组合,如土建单位工程流水。

2.1.4 综合流水(建筑群的流水)

综合流水是指组织多幢房屋或构筑物的大流水施工,是一个控制型的流水施工的组织方式。

**2.2 按施工过程的分解程度分类**

2.2.1 彻底分解流水

彻底分解流水是指将工程对象的某一分部工程分解成若干个施工过程,且每一个施工过程均为单一工种完成的施工过程,即该过程已不能再分解,如支模。

2.2.2 局部分解流水

局部分解流水指将工程对象的某一分部工程根据实际情况进行划分,有的过程已彻底分解,有的过程则不彻底分解;而不彻底分解的施工过程是由混合的施工班组来完成的,如钢筋混凝土工程。

**2.3 按流水施工的节奏特征分类**

2.3.1 有节奏流水

有节奏流水是指同一施工过程在各施工段上的流水节拍都相等的一种流水施工方式。有节奏流水又根据不同施工过程之间的流水节拍是否相等,分为等节奏流水和异节奏流水两大类型。

2.3.2 无节奏流水

无节奏流水是指同一施工过程在各施工段上的流水节拍不完全相等的一种流水施工方式。

## 3 流水施工表达形式

流水施工常见的图形表达形式有横道图和网络图表两种。

横道图又分为水平指示图表和垂直指示图表。

图8-1(a)的水平指示图表中,是在其左边垂直方向列出各施工过程的名称,右边用水平线段表示施工的进度;各个水平线段的左边端点表示工作开始施工的瞬间,水平线段的右边表示工作在该施工段上结束的瞬间,水平线段的长度代表该工作在该施工段上的持续时间。

图8-1(b)的垂直指示图表中,水平方向表示施工的进度,垂直方向表示各个施工段;各条斜线分别表示各个施工过程的施工情况。斜线的左下方表示该施工过程开始施工的瞬间,斜线的右上方表示该施工过程结束的瞬间,斜线间的水平距离表示相邻施工过程开工的时间间隔。

由于水平指示图表较为常见,因此有时人们习惯将水平指示图表直接称为横道图。

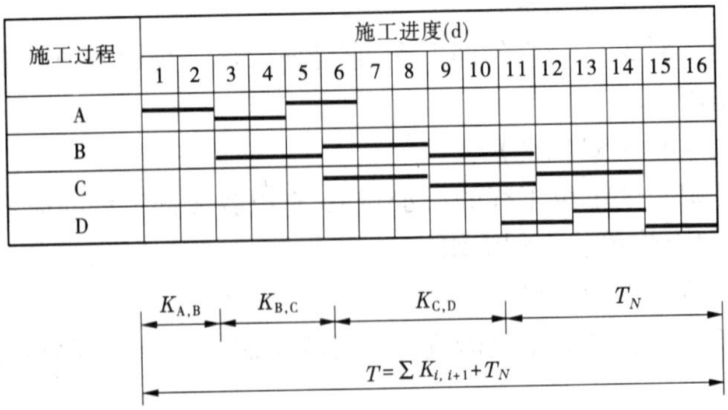


(a)水平指示图表

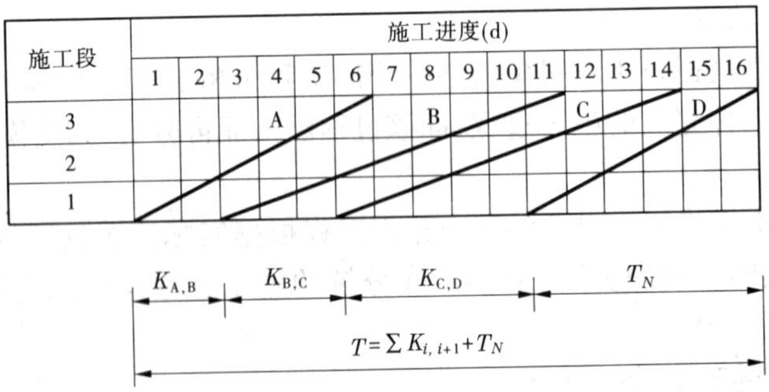


(b)垂直指示图表

**图 8-1　横道图**

# 任务 2　流水施工主要参数

流水施工的主要参数包括工艺参数、空间参数和时间参数三种。

## 1　工艺参数

工艺参数是指用以表达流水施工在施工工艺上开展的先后顺序(表示施工过程数)及其特征的参数。工艺参数包括施工过程数和流水强度两种。

### 1.1　施工过程数

施工过程数是指参与一组流水的施工过程的数目,通常以“$N$”表示。在组织工程流水施工时,首先应将施工对象划分成若干个施工过程。施工过程划分的数目多少和粗细程度,一般与下列因素有关:

(1)施工进度计划的性质和作用。

(2)施工方案。

(3)工程量的大小与劳动组织。

(4)施工过程的内容和工作范围。

### 1.2　流水强度

流水强度是指某施工过程在单位时间内所完成的工程量,一般以 $V_i$ 表示。

机械施工过程的流水强度：

$$V_i = \sum_{i=1}^{n} R_i S_i \tag{8-1}$$

式中 $V_i$——某施工过程 $i$ 的机械操作流水强度；

$R_i$——投入施工过程 $i$ 的某施工机械的台数；

$S_i$——投入施工过程 $i$ 的某施工机械的台班产量定额；

$n$——投入施工过程 $i$ 的施工机械的种类。

人工施工过程的流水强度：

$$V_i = R_i S_i \tag{8-2}$$

式中 $R_i$——投入施工过程 $i$ 的工作队人数；

$S_i$——投入施工过程 $i$ 的工作队的平均产量定额；

$V_i$——投入施工过程 $i$ 的人工操作流水强度。

## 2 空间参数

空间参数包括施工段数和工作面两个。

### 2.1 施工段数

#### 2.1.1 施工段含义

在组织流水施工时，通常把拟建工程划分为若干个劳动量大致相等的区段，这些区段就叫“施工段”，又称“流水段”，一般用“$M$”表示。注意，如果是多层建筑物的施工，则施工段数等于单层划分的施工段数乘以该建筑物的施工层数，即：

$M = M_0 \times$ 施工层数（$M_0$ 表示每一层划分的施工段数）

每一个施工段在某一时间段内，只能供一个施工过程的工作队使用。

划分施工段的目的，是在组织流水施工中，保证不同的施工班组能在不同的施工段上同时进行施工，从而使各施工班组按照一定的时间间隔从一个施工段转到另一个施工段进行连续施工。这样，既消除等待、停歇现象，又互不干扰，同时又缩短了工期。

#### 2.1.2 划分施工段的基本原则

(1)主要专业工种在各施工段所消耗的劳动量应大致相等，其相差幅度不宜超过 ±15%；以保证各施工班组在不调整班组人数的情况下保持连续、均衡地施工。

(2)在保证专业工作队劳动组合优化的前提条件下，施工段大小要满足专业工种对工作面的要求，施工段的数目要适宜。

(3)施工段划分界限应与施工对象的结构界限（温度缝、沉降缝或单元尺寸）或幢号一致，以便保证施工质量；如果必须将其设在墙体中间，可将其设在门窗洞口处，以减少施工留槎。

(4)多层施工项目，既要在平面上划分施工段，又要在空间上划分为若干个作业层，因而每层最少施工段数目 $M_0$ 应大于等于施工过程数，即 $M_0 \geq N$，分析如下：

当组织流水施工对象有层间关系时，应使各队能够连续施工。各施工过程的工作队做完第一段，能立即转入第二段；做完第一层的最后一段，能立即转入第二层的第一段。

当 $M_0 = N$ 时，工作连续施工，施工段上始终有施工班组，工作面能充分利用，无停歇现象，也不会产生工人窝工现象，比较理想。

当 $M_0>N$ 时，施工班组仍是连续施工，虽然有停歇的工作面，但不一定是不利的，有时还是必要的，如利用停歇的时间做养护、备料、弹线等工作。

当 $M_0<N$ 时，施工班组不能连续施工而窝工。因此，对一个建筑物组织流水施工是不适宜的，但是，在建筑群中可与另一些建筑物组织大流水。

对于 $M_0\geqslant N$ 的这一要求，并不适用于所有流水施工情况，在有的情况下，当 $M_0<N$ 时，也可以组织流水施工。施工段的划分是否符合实际要求，主要还是看在该施工段划分情况下，主导工序是否能够保证连续均衡地施工，如果主导工序能连续均衡地施工，则施工段的划分可行；否则，更改施工段划分情况。

### 2.2　工作面

在组织流水施工时，某专业工种所必须具备的一定的活动空间，称为该工种的工作面。简单地说，就是某一施工过程要正常施工必须具备的场地大小。

## 3　时间参数

时间参数包括流水节拍、流水步距和工期。

### 3.1　流水节拍（$t_i$）

流水节拍是指从事某施工过程的施工班组在一个施工段上完成施工任务所需的时间。以 $t_i$ 来表示。

常见计算方法见式(8-3)或式(8-4)：

$$t_i=\frac{Q_i}{S_iR_iN_i}=\frac{P_i}{R_iN_i}\tag{8-3}$$

$$t_i=\frac{Q_iH_i}{R_iN_i}=\frac{P_i}{R_iN_i}\tag{8-4}$$

式中　$t_i$——某施工过程的流水节拍；

$Q_i$——某施工过程在某施工段上的工程量；

$P_i$——某施工过程在某施工段上的劳动量；

$S_i$——某施工过程每一工日或台班的产量定额；

$H_i$——某施工过程的时间定额；

$R_i$——某施工过程的施工班组人数；

$N_i$——某施工过程每天的工作班制。

确定流水节拍应考虑以下因素：

(1)施工班组人数要适宜，既要满足最小劳动组合人数要求，又要满足最小工作面的要求。所谓最小劳动组合，就是指某一施工过程进行正常施工所必需的最低限度的班组人数及其合理组合。最小工作面是指施工班组为保证安全生产和有效操作所必需的工作空间。

(2)工作班制要恰当。工作班制的确定要视工期要求、施工过程特点来确定。

(3)机械的台班效率或机械台班产量大小。

(4)节拍值一般取整数，必要时可保留 0.5 d 的小数值。

### 3.2 流水步距($K_{i,i+1}$)

#### 3.2.1 流水步距的概念

相邻两个施工过程的施工班组开始投入施工的时间间隔称为流水步距。流水步距的大小反映着流水作业的紧凑程度,对工期起着很大的影响。在流水段不变的条件下,流水步距越大,工期越长;流水步距越小,则工期越短。

流水步距的数目取决于参加流水施工的施工过程数。如果施工过程为 $N$ 个,则流水步距的总数为 $N-1$ 个。

#### 3.2.2 确定流水步距的原则

(1)要满足相邻两个专业工作队在施工顺序上的制约关系。

(2)要保证相邻两个专业工作队在各施工段上都能连续作业。

(3)要使相邻两个专业工作队在开工时间上实现最大限度的搭接。

#### 3.2.3 流水步距的计算

流水步距的基本计算公式为

$$\begin{cases} K_{i,i+1} = t + t_{\mathrm{j}} - t_{\mathrm{d}} & (t_i \leqslant t_{i+1}) \\ K_{i,i+1} = M_{ti} - (M-1)t_i + 1 + t_{\mathrm{j}} - t_{\mathrm{d}} & (t_i > t_{i+1}) \end{cases} \tag{8-5}$$

式中 $t_{\mathrm{j}}$——两个相邻施工过程间的技术或组织间歇时间;

$t_{\mathrm{d}}$——两个相邻施工过程间的平行搭接时间。

注意:

(1)技术与组织间歇时间是指在组织流水施工时,有些施工过程完成后,后续施工过程不能立即投入施工,必须有一定的间歇时间。由施工工艺或材料性质决定的间歇时间称为技术间歇时间;由施工组织原因造成的间歇时间称为组织间歇时间,通常用 $t_{\mathrm{j}}$ 表示。

(2)平行搭接时间是指在组织流水施工时,有时为缩短工期,在工作面允许情况下,如果前一个施工队组完成部分施工任务后,为了能够缩短工期,使后一个施工过程的施工队组提前进入该施工段,两个相邻施工过程的施工班组同时在一个施工段上施工的时间,称为平行搭接时间,通常用 $t_{\mathrm{d}}$ 表示。

(3)式(8-5)适用于所有的有节奏流水施工,并且流水施工均为一般流水施工。该公式不适用于概念引申后的流水施工即存在次要工序间断流水的情况。

例如,图8-1中,各过程之间流水步距求解如下:

因为 $t_{挖土}=4$ 周 $>t_{垫层}=1$ 周 $t_{\mathrm{j}}=t_{\mathrm{d}}=0$

所以 $K_{挖土,垫层}=Mt_{挖土}-(M-1)t_{垫层}$

$=3\times4-(3-1)\times1=10$(周)

又因为 $t_{垫层}=1$ 周 $<t_{砖基}=3$ 周 $t_{\mathrm{j}}=t_{\mathrm{d}}=0$

所以 $K_{垫层,砖基}=t_{垫层}=1$(周)

又因为 $t_{砖基}=3$ 周 $<t_{回填}=2$ 周 $t_{\mathrm{j}}=t_{\mathrm{d}}=0$

所以 $K_{砖基,回填土}=Mt_{砖基}-(M-1)t_{回填土}$

$=3\times3-(3-1)\times2=5$(周)

### 3.3 流水工期

流水工期是指完成一项工程任务所需的时间。其计算公式一般为

$$T = \sum K_{i,i+1} + T_N \tag{8-6}$$

式中　$\sum K_{i,i+1}$——流水施工中，相邻施工过程之间的流水步距之和；

$T_N$——流水施工中，最后一个施工过程在所有施工段上完成施工任务所花的时间，有节奏流水中，$T_N = Mt_n$（$t_n$ 指最后一个施工过程的流水节拍）。

# 任务3　流水施工的基本方式

流水施工根据节奏特征，可分为有节奏流水和无节奏流水两类。

## 1　有节奏流水

有节奏流水是指同一施工过程在各施工段上的流水节拍都相等的一种流水施工方式。有节奏流水又根据不同施工过程之间的流水节拍是否相等，分为等节奏流水和异节奏流水两大类型。

### 1.1　等节奏流水

等节奏流水也叫全等节拍流水，是指同一施工过程在各施工段上的流水节拍都相等，并且不同施工过程之间的流水节拍也相等的一种流水施工方式。等节奏流水根据相邻施工过程之间是否存在间歇时间或搭接时间，又可分为等节拍等步距流水和等节拍不等步距流水两种。

#### 1.1.1　等节拍等步距流水

同一施工过程流水节拍都相等，不同施工过程流水节拍也都相等，并且各过程之间不存在间歇时间（$t_j$）或搭接时间（$t_d$）的流水施工方式，即 $t_j = t_d = 0$。该流水施工方式情况下的各过程节拍、过程之间的步距、工期的特点如下：

（1）节拍特征：

$$t = 常数$$

（2）步距特征：

$$K_{i,i+1} = 节拍(t) = 常数$$

（3）工期计算公式：

因为　$T = \sum K_{i,i+1} + T_N$

又因为　$\sum K_{i,i+1} = (N-1)t$ 且 $T_N = Mt$

所以　$T = (N-1)t + Mt = (N+M-1)t$

**【例8-1】**　某分部工程可以划分为A、B、C、D、E五个施工过程，每个施工过程可以划分为六个施工段，且各过程之间既无间歇时间也无搭接时间，流水节拍均为4 d，试组织全等节拍流水。要求：计算工期并绘制横道图。

**解**：第一步：计算工期，根据公式（8-6）：

$$T = \sum K_{i,i+1} + T_N = (N+M-1)t = (5+6-1)\times 4 = 40(\mathrm{d})$$

第二步：绘制横道图，如图8-2所示。

#### 1.1.2　等节拍不等步距流水

所有施工过程的流水节拍都相等，但是各过程之间的间歇时间（$t_j$）或搭接时间（$t_d$）

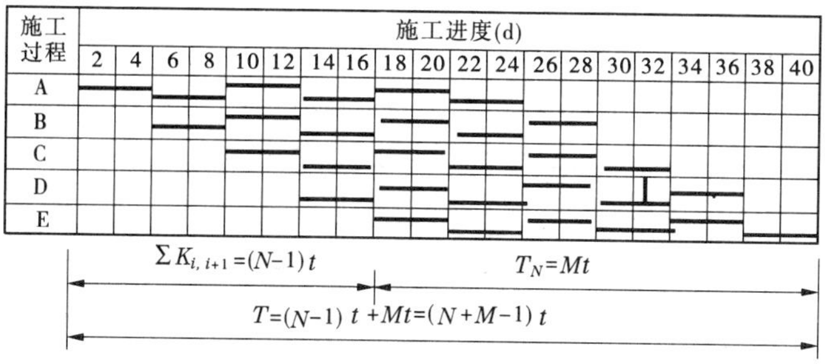


图 8-2 某分部工程全等节拍流水施工进度表

不等于零的流水施工方式,即 $t_j \neq 0$ 或 $t_d \neq 0$。该流水施工方式情况下的各过程节拍、过程之间的步距、工期的特点如下:

(1)节拍特征:

$$t = 常数$$

(2)步距特征:

$$K_{i,i+1} = t + t_j - t_d$$

式中 $t_j$——第 $i$ 个过程和第 $i+1$ 个过程之间的技术或组织间歇时间;

$t_d$——第 $i$ 个过程和第 $i+1$ 个过程之间的搭接时间。

(3)工期计算公式:

因为 $T = \sum K_{i,i+1} + T_N$

又因为 $\sum K_{i,i+1} = (N-1)t + \sum t_j - \sum t_d, T_N = Mt$

所以 $T = (N-1)t + \sum t_j - \sum t_d + Mt = (N+M-1)t + \sum t_j - \sum t_d$ (8-7)

式中 $\sum t_j$——所有相邻施工过程之间的间歇时间累计之和;

$\sum t_d$——所有相邻过程之间搭接时间之和。

**【例 8-2】** 某分部工程划分为 A、B、C、D 四个施工过程,每个施工过程划分为三个施工段,其流水节拍均为 4 d,其中施工过程 A 与 B 之间有 2 d 的搭接时间,施工过程 C 与 D 之间有 1 d 的间歇时间。试组织全等节拍流水,计算流水施工工期,绘制进度计划表。

**解**:第一步:根据已知条件计算工期。

因为 $N=4, M=3, t=4, \sum t_d=2, \sum t_j=1$。

所以,根据公式(8-7)得:

$$T = (M+N-1)t + \sum t_j - \sum t_d = (3+4-1)\times 4 + 1 - 2 = 23(\mathrm{d})$$

第二步:绘制进度计划,如图 8-3 所示。

等节奏流水虽然是一种比较理想的流水施工方式,但是实际工程中,组织时困难较大。因此,全等节拍流水的组织方式仅适用于施工过程数目不多的某些分部工程的流水。

全等节拍流水的组织方法如下:

(1)划分施工过程,将工程量较小的施工过程合并到相邻的施工过程中去,目的是使各过程的流水节拍相等。

(2)根据主要施工过程的工程量以及工程进度要求,确定该施工过程的施工班组人

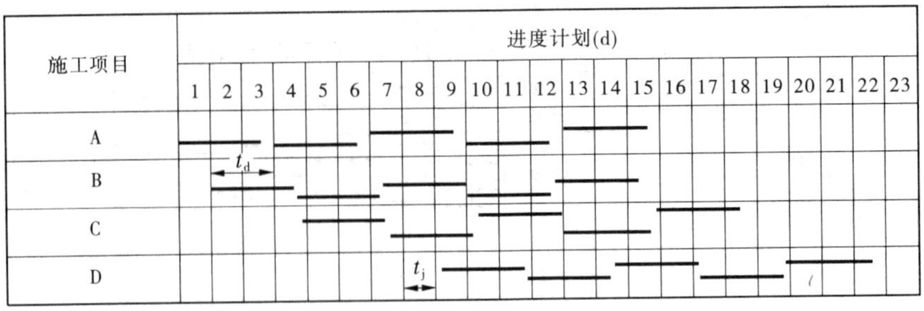


图 8-3　某分部工程等节拍不等步距流水施工进度表

数,从而确定流水节拍。

(3)根据已确定的流水节拍,确定其他施工过程的施工班组人数。

(4)检查按此流水施工方式组织的流水施工是否符合该工程工期以及资源等的要求,如果符合,则按此计划实施,如果不符合,则通过调整主导施工过程的班组人数,使流水节拍发生改变,从而调整了工期以及资源消耗情况,使计划符合要求。

## 1.2　异节奏流水

异节奏流水是指同一施工过程在各施工段上的流水节拍都相等,不同施工过程之间的流水节拍不一定相等的一种流水施工方式。该种流水方式根据各施工过程的流水节拍是否为整数倍(或公约数)关系可以分为成倍节拍流水和不等节拍流水两种。

### 1.2.1　不等节拍流水

不等节拍流水是指同一施工过程在各个施工段的流水节拍相等,不同施工过程之间的流水节拍既不相等也不成倍的流水施工方式。

#### 1.2.1.1　不等节拍流水施工方式的特点

节拍特征:同一施工过程流水节拍相等,不同施工过程流水节拍不一定相等。

步距特征:各相邻施工过程的流水步距确定方法为基本步距计算公式,同式(8-5)。

工期特征:不等节拍工期计算公式为一般流水工期计算表达式:

$$T = \sum K_{i,i+1} + T_N \tag{8-8}$$

**【例 8-3】** 已知某工程可以划分为四个施工过程($N=4$),三个施工段($M=3$),各过程的流水节拍分别为 $t_A=2$ d, $t_B=3$ d, $t_C=4$ d, $t_D=3$ d,并且,A 过程结束后,B 过程开始之前,工作面有 1 d 技术间歇时间,试组织不等节拍流水,并绘制流水施工进度计划表。

**解**:根据计算公式计算流水步距:

因为　$t_A=2\text{ d}<t_B=3\text{ d}$

又因为 $A$、$B$ 过程之间有 1 d 间歇时间,即 $t_{A,B_j}=1$ d

所以　$K_{A,B}=t_A+t_{A,B_j}=2+1=3(\text{d})$

因为　$t_B=3\text{ d}<t_C=4\text{ d}$

所以　$K_{B,C}=t_B=3$ d

因为　$t_C=4\text{ d}>t_D=3\text{ d}$

所以　$K_{C,D}=Mt_C-(M-1)t_D=3\times4-(3-1)\times3=6(\text{d})$

计算流水工期:

$$T = \sum K_{i,i+1} + T_N = K_{A,B} + K_{B,C} + K_{C,D} + Mt_D = 3 + 3 + 6 + 3 \times 3 = 21(d)$$

根据流水施工参数绘制流水施工进度计划表，如图8-4所示。

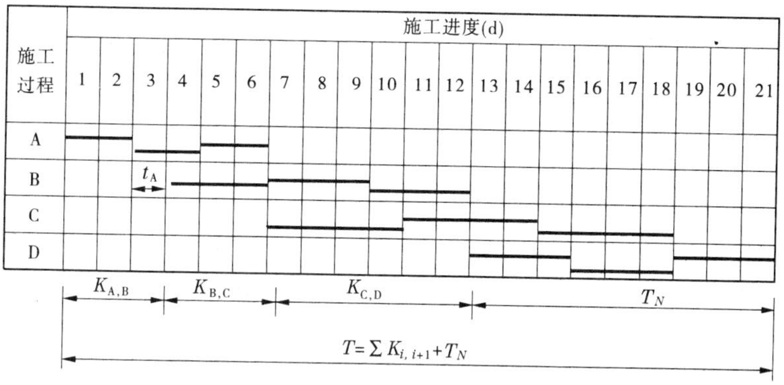


图8-4 不等节拍流水施工进度表

1.2.1.2 不等节拍流水的组织方式

根据工程对象和施工要求，将工程划分为若干个施工过程。

根据各施工过程的工程量，计算每个过程的劳动量，然后根据各过程施工班组人数，确定出各自的流水节拍。

组织同一施工班组连续均衡地施工，相邻施工过程尽可能平行搭接施工。

在工期要求紧张情况下，为了缩短工期，可以间断某些次要工序的施工，但主导工序必须连续均衡地施工，且决不允许发生工艺顺序颠倒的现象。

1.2.1.3 不等节拍流水的适用范围

不等节拍流水施工方式的适用范围较为广泛，适用于各种分部和单位工程流水。

1.2.2 成倍节拍流水

成倍节拍流水是指同一施工过程在各施工段上的流水节拍都相等，不同施工过程之间的流水节拍不完全相等，但各施工过程的流水节拍均为最小流水节拍的整数倍（或节拍之间存在最大公约数）关系的流水施工方式。

1.2.2.1 成倍节拍流水施工的特点

节拍特征：各节拍为最小流水节拍的整数倍或节拍值之间存在最大公约数关系。

成倍节拍流水的最显著特点：各过程的施工班组数不一定是一个班组，而是根据该过程流水节拍为各流水节拍值之间的最大公约数（最大公约数一般情况等于节拍值中间的最小流水节拍 $t_{min}$）的整数倍相应调整班组数，即

$$b_i = \frac{t_i}{\text{最大公约数}} = \frac{t_i}{K_b} \text{或} = \frac{t_i}{t_{min}} \tag{8-9}$$

式中 $b_i$——各施工所需的班组数；

$K_b$——各过程流水节拍的最大公约数。

流水步距特征：$K_{i,i+1}$ = 最大公约数。

注意：第一，各施工过程之间如果要求有间歇时间或搭接时间，流水步距应相应加上或减去；第二，流水步距是指任意两个相邻施工班组开始投入施工的时间间隔，这里的

“相邻施工班组”并不一定是指从事不同施工过程的施工班组。因此,步距的数目并不是根据施工过程数目来确定,而是根据班组数之和来确定的。假设班组数之和用 $N'$ 表示,则流水步距数目为 $(N'-1)$ 个。

工期计算公式:成倍节拍流水实质上是一种不等节拍等步距的流水,它的工期计算公式与等节拍流水工期表达式相近,可以表达为

$$T = (N' + M - 1)t_{\min} + \sum t_j - \sum t_d \tag{8-10}$$

式中 $N'$——施工班组之和,且 $N' = \sum_{i=1}^{n} b_i$。

**【例 8-4】** 已知某工程可以划分为四个施工过程($N=4$),六个施工段($M=6$),各过程的流水节拍分别为 $t_A=2$ d,$t_B=6$ d,$t_C=4$ d,$t_D=2$ d,试组织成倍节拍流水,并绘制成倍节拍流水施工进度计划。

**解**:因为最大公约数 = 最大公约数{2,6,4,2} = 2 d

则根据 $b_i = \frac{t_i}{K_b}$,所以

$$b_A = \frac{t_A}{K_b} = \frac{2}{2} = 1(\text{个})$$

$$b_B = \frac{t_B}{K_b} = \frac{6}{2} = 3(\text{个})$$

$$b_C = \frac{t_C}{K_b} = \frac{4}{2} = 2(\text{个})$$

$$b_D = \frac{t_D}{K_b} = \frac{2}{2} = 1(\text{个})$$

施工班组总数:$N' = \sum b_i = b_A + b_B + b_C + b_D = 1+3+2+1 = 7$(个)

该工程流水步距为:$K_{A,B} = K_{B,C} = K_{C,D}$ = 最大公约数 = 2 d

该工程工期为:$T = (N' + M - 1)K_b = (7+6-1)\times 2 = 24$(d)

根据所确定的流水施工参数绘制该工程水平指示图表,如图 8-5 所示。

1.2.2.2 成倍节拍流水的组织要点

首先根据工程对象和施工要求,将工程划分为若干个施工过程。

根据工程量,计算每个过程的劳动量,再根据最小劳动量的施工过程班组人数确定出最小流水节拍;确定其他各过程的流水节拍,通过调整班组人数,使各过程的流水节拍均为最小流水节拍的整数倍。

为了充分利用工作面,加快施工进度,各过程应根据其节拍为节拍最大公约数的整数倍关系相应调整施工班组数,每个施工过程所需的班组数可按下式计算:

$$b_i = \frac{t_i}{K_b}$$

检查按此流水施工方式确定的流水施工是否符合该工程工期以及资源等的要求。如果符合,则按此计划实施;如果不符合,则通过调整使计划符合要求。

成倍节拍流水施工方式在管道、线性工程中适用较多,在建筑工程中,也可根据实际情况选用此方式。

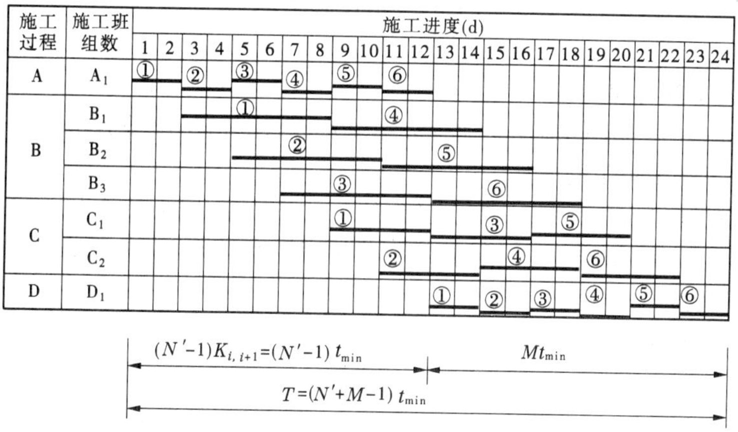


图 8-5　成倍节拍流水施工进度表

注意：如果施工中，无法按照成倍节拍特征相应增加班组数，每个施工过程都只有一个施工班组，则具备组织成倍节拍流水特征的工程，只能按照不等节拍流水组织施工。如以上例题，如果不增加班组数，则按不等节拍组织流水施工，进度计划如图 8-6 所示。

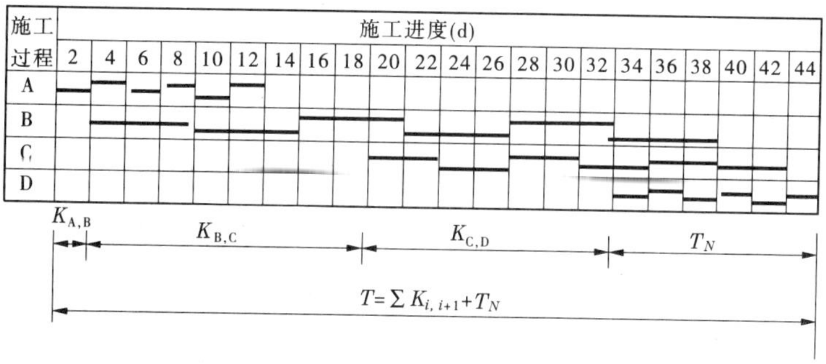


图 8-6　不等节拍流水施工进度表

通过图 8-6 和图 8-5 对比可以看出，同样一个工程，如果组织成倍节拍流水，则工作面充分利用，工期较短；如果组织一般流水，则工作面没有充分利用，工期长。

## 2　无节奏流水

无节奏流水是指同一施工过程在各施工段上的流水节拍不完全相等的一种流水施工组织方式。

无节奏流水是实际工程中常见的一种组织流水的方式。它不像有节奏流水那样有一定的时间规律约束，因此在进度安排上，比较灵活、自由。所以，该方法较为广泛地应用于实际工程。

### 2.1　组织无节奏流水的基本要求

无节奏流水的实质是：各专业班组连续流水作业，流水步距经计算确定，使工作班组之间在一个施工段内互不干扰，或前后工作班组之间工作紧紧衔接。因此，组织无节奏流水的基本要求即是保证各施工过程的工艺顺序合理和各施工班组尽可能依次在各施工段上连续施工。

## 2.2 无节奏流水的时间参数计算

流水节拍的计算方法同前面其他有节奏流水，采用式(8-1)或式(8-2)。组织无节奏流水的关键在于流水步距的计算。

流水步距的计算方法，因每一施工过程的流水节拍不相等，没有任何规律，因此经过多年实际经验的积累，总结出了一种计算无节奏流水施工的步距计算法，即"逐段累加，错位相减，差值取大"，详见例8-5。

工期计算公式同一般流水施工工期计算式。

**【例8-5】** 某工程可以分为四个施工过程，四个施工段，各施工过程在各施工段上的流水节拍如表8-1所示，试计算流水步距和工期，绘制流水施工进度计划表。

**表8-1 各施工过程在各施工段上的流水节拍**

| 施工过程 | 施工段 | | | |
|---|---|---|---|---|
| | Ⅰ | Ⅱ | Ⅲ | Ⅳ |
| A | 5 | 4 | 2 | 3 |
| B | 4 | 1 | 3 | 2 |
| C | 3 | 5 | 2 | 3 |
| D | 1 | 2 | 2 | 3 |

**解**：1. 流水步距计算

因每一施工过程在各施工段的流水节拍不相等，没有任何规律。因此，采用"逐段累加，错位相减，差值取大"的方法进行计算，无数据的地方补0计算，计算过程及结果如下：

$$\text{求 } K_{A,B}:\begin{array}{rrrrr} 5 & 9 & 11 & 14 & 0 \\ -0 & 4 & 5 & 8 & 10 \\ \hline 5 & 5 & 6 & 6 & \end{array}$$

所以 $K_{A,B}=\max\{5,5,6,6\}=6(d)$

$$\text{求 } K_{B,C}:\begin{array}{rrrrr} 4 & 5 & 8 & 10 & 0 \\ -0 & 3 & 8 & 10 & 13 \\ \hline 4 & 2 & 0 & 0 & \end{array}$$

所以 $K_{B,C}=\max\{4,2,0,0\}=4(d)$

$$\text{求 } K_{C,D}:\begin{array}{rrrrr} 3 & 8 & 10 & 13 & 0 \\ -0 & 1 & 3 & 5 & 8 \\ \hline 3 & 7 & 7 & 8 & \end{array}$$

所以 $K_{C,D}=\max\{3,7,7,8\}=8(d)$

2. 工期计算

$$T=\sum K_{i,i+1}+T_N=K_{A,B}+K_{B,C}+K_{C,D}+1+2+2+3=6+4+8+8=26(d)$$

该工程进度计划安排如图 8-7 所示。

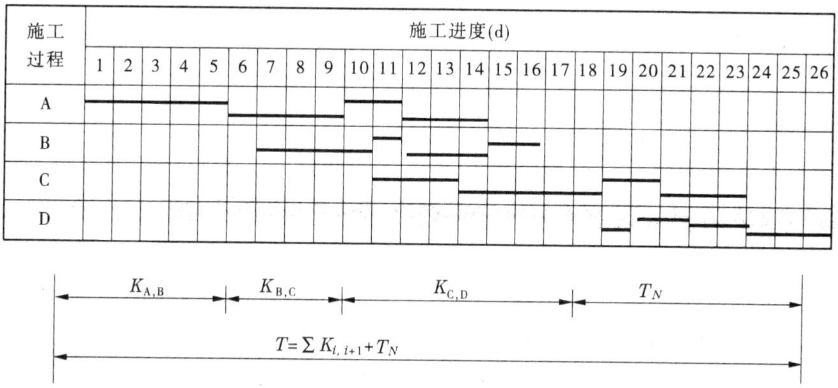


图 8-7　无节奏流水施工进度表

# 任务 4　网络计划

网络计划是用网络图形式表达出来的进度计划。

网络计划方法是依托网络计划这一形式产生的一套进度计划管理方法。

网络计划技术是指网络计划原理与方法的集合。

## 1　网络图的分类

网络计划技术可以从不同的角度进行分类。

### 1.1　按工作之间逻辑关系和持续时间的确定程度分类

按工作之间逻辑关系和持续时间的确定程度分类，见图 8-8。

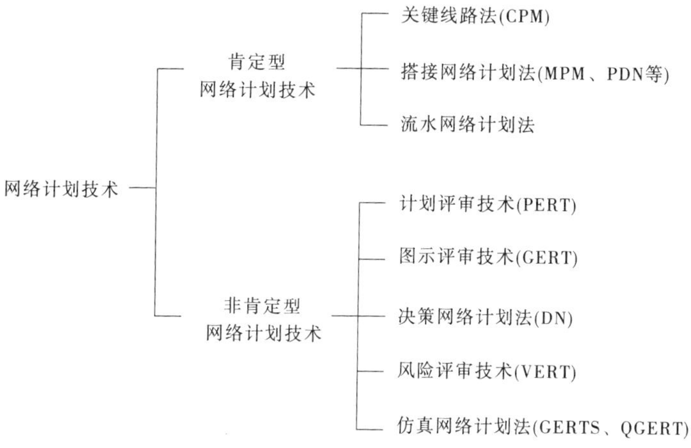


图 8-8　网络计划技术工作之间逻辑关系和持续时间的确定程度分类

### 1.2　按网络计划的基本元素——节点和箭线所表示的含义分类

(1)双代号网络计划(工作箭线网络计划) 以箭线或节点表示工作的绘图表达方法

的不同为区别。

(2)单代号搭接网络计划、单代号网络计划(工作节点网络计划)。

(3)事件节点网络计划。事件节点网络是一种仅表示工程项目里程碑事件的很有效的网络计划方法。

### 1.3 按目标分类

网络计划可以分为单目标网络计划和多目标网络计划。只有一个终点节点的网络计划是单目标网络计划,终点节点不只一个的网络计划是多目标网络计划。

### 1.4 按层次分类

根据不同管理层次的需要而编制的范围大小不同、详略程度不同的网络计划,称未分级网络计划;以整个计划任务为对象编制的网络计划,称为总网络计划;以计划任务的某一部分为对象编制的网络计划,称为局部网络计划。

### 1.5 按表达方式分类

以时间坐标为尺度绘制的网络计划,称为时标网络计划;不按时间坐标绘制的网络计划,称为非时标网络计划。时标网络图还可以按照表示计划工期内各项工作活动的最早可以与最迟必须开始时间的不同相应区分为早时标网络图和迟时标网络图。

按照时标网络图分别与双代号或单代号网络图形成的不同组合,时标网络图还可进一步区分为双代号与单代号时标网络图。

### 1.6 按反映工程项目的详细程度分类

概要地描述项目进展的网络,称为概要网络。详细地描述项目进展的网络,称为详细网络。

### 1.7 按照工作关系分类

按是否在图中表示不同工作活动之间的各种搭接关系,如工作之间的开始到开始(STS)、开始到结束(STF)、结束到开始(FTS)、结束到结束(FTF)关系,网络图还可依次区分为搭接网络图和非搭接网络图。

## 2 网络计划技术基础

双代号与单代号网络图是网络图的两种基本形式。两形式网络图在绘图过程中,一般应服从表8-9所示书写规则。

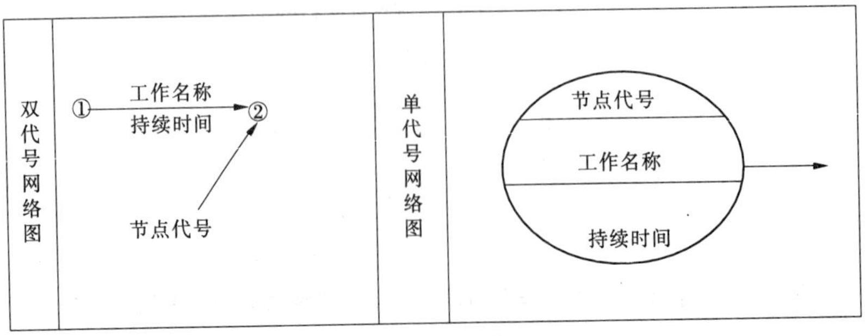


图8-9 双代号与单代号网络图双箭线、节点的作用

## 2.1　网络图的特点

网络计划技术作为现代管理的方法与传统的计划管理方法相比较，具有明显优点，主要表现如下：

(1)利用网络图模型，明确表达各项工作的逻辑关系。按照网络计划方法，在制订工程计划时，首先必须理清楚该项目内的全部工作和它们之间的相互关系，然后才能绘制网络图模型。

(2)通过网络图时间参数计算，确定关键工作和关键线路。

(3)掌握机动时间，进行资源合理分配。

(4)运用计算机辅助手段，方便网络计划的调整与控制。

## 2.2　逻辑关系

当多个工序在多个施工段分段作业时，用单代号网络图表达比较简单明了，这时若用双代号表示就需增加许多虚箭线；而当多个工序相互交叉衔接时，用双代号网络图来表达则比较简单，因为若用单代号表示，会有许多箭线交叉。另外，当采用计算机辅助编制网络计划时，使用单代号网络图比较方便；采用单代号网络图还是双代号网络图，要根据具体情况选择。

表8-2为单代号网络图与双代号网络图逻辑关系表达方法的比较。

**表8-2　单代号与双代号网络图逻辑关系表达方法的比较**

| 序号 | 逻辑关系 紧前 | 逻辑关系 紧后 | 双代号网络图 | 单代号网络图 |
|---|---|---|---|---|
| 1 | A | B | 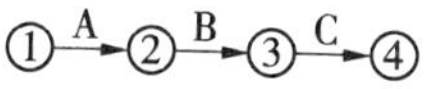 | 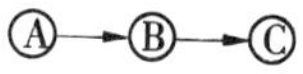 |
| | B | C | | |
| 2 | A | C | 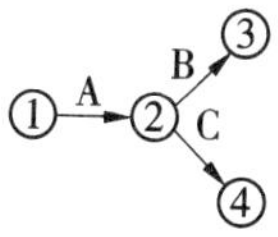 | 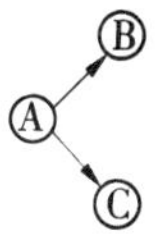 |
| | A | B | | |
| 3 | B | C | 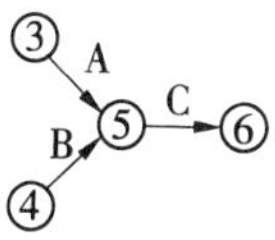 | 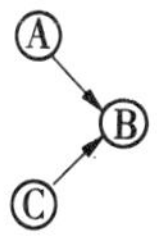 |
| | A | C | | |
| 4 | | A | 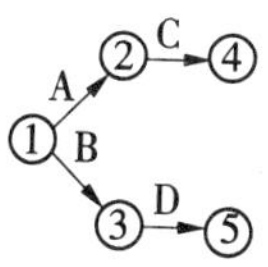 | 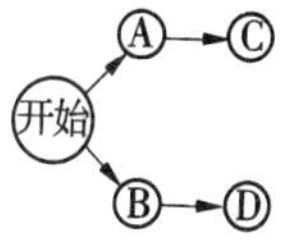 |
| | | B | | |
| | A | C | | |
| | B | D | | |
| 5 | A | C | 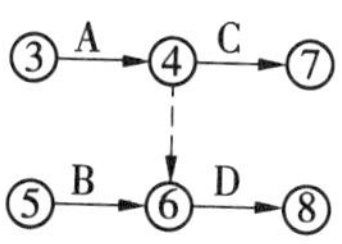 | 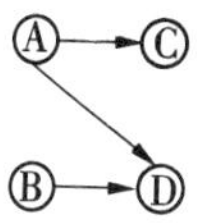 |
| | | D | | |
| | B | D | | |

**续表 8-2**

| 序号 | 逻辑关系 | | 双代号网络图 | 单代号网络图 |
|---|---|---|---|---|
| | 紧前 | 紧后 | | |
| 6 | A | B | 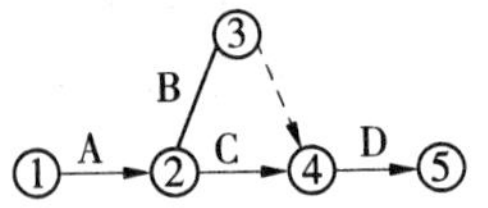 | 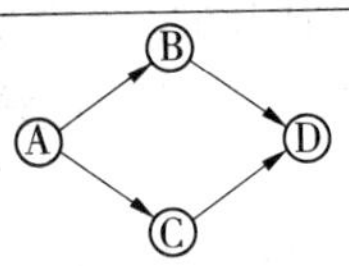 |
| | B | C | | |
| | C | D | | |
| 7 | A | C | 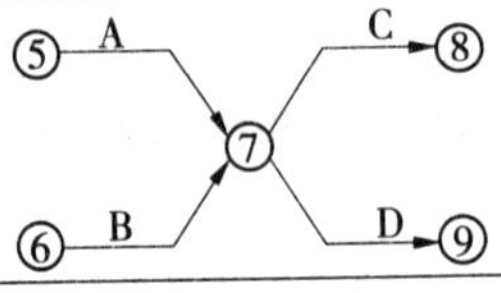 | 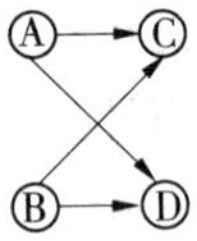 |
| | B | D | | |
| 8 | A | B | 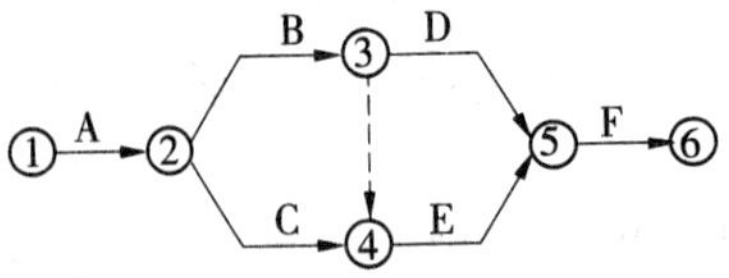 | 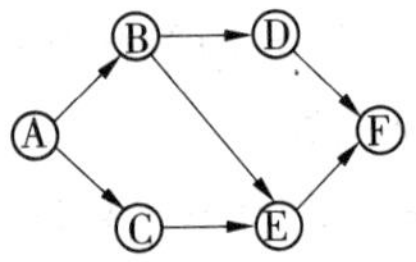 |
| | | C | | |
| | B | D | | |
| | | E | | |
| | C | E | | |
| | D | F | | |
| | E | F | | |

### 2.3　双代号网络计划

双代号网络图由工作、节点、线路三个基本要素组成。

#### 2.3.1　工作

工作就是计划任务按需要粗细程度划分而成的一个消耗时间或也消耗资源的子项目或子任务。它是网络图的组成要素之一，用一根箭线和两个圆圈来表示，见图 8-10。

工作：用"→"表示，虚工作：用"---►"表示。

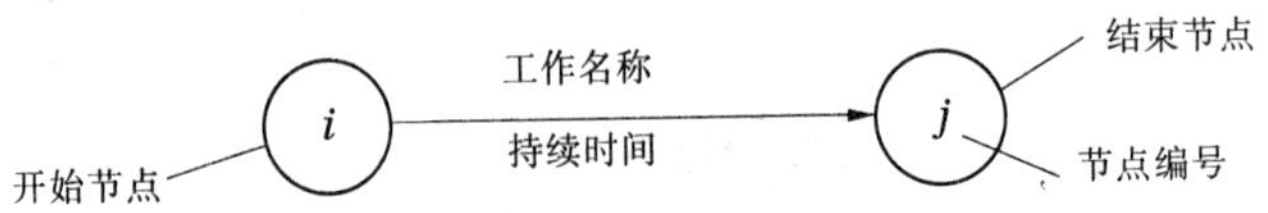


**图 8-10　双代号网络图的基本形式**

工作的名称标在箭线上方，工作的持续时间标在箭线的下方，箭线的箭尾节点表示工作的开始，箭线的箭头节点表示工作的结束。两个节点一个箭线表示一项工作，故称双代号表示法。

**图 8-11　虚工作**

工作通常分为三种：需要消耗资源和时间；只消耗时间而不消耗资源（混凝土养护）；既不消耗时间也不消耗资源。前两种是实际存在的，后一种是认为虚设的工作，只表示相邻的前后工作之间的逻辑关系，通常称为

"虚工作",见图 8-11。

### 2.3.2 节点

在网络图中箭线的出发和交汇处画上圆圈，用以标志该圆圈前面一项或若干项工作的结束和允许后面一项或若干项工作的开始的时间称为节点。

在网络图中,节点不同于工作,它只是标志着工作的结束和开始的瞬间,具有承上启下的作用,而不需要消耗时间和资源。用"○"表示节点的圆圈,分别用数字进行编号,前后两个编号可用来表示一项工作。

节点编号的顺序是:从起点节点开始,依次向终点节点进行。编号的原则是:每一条箭线的箭头节点编号必须大于箭尾节点编号,并且所有节点的编号不能重复出现。

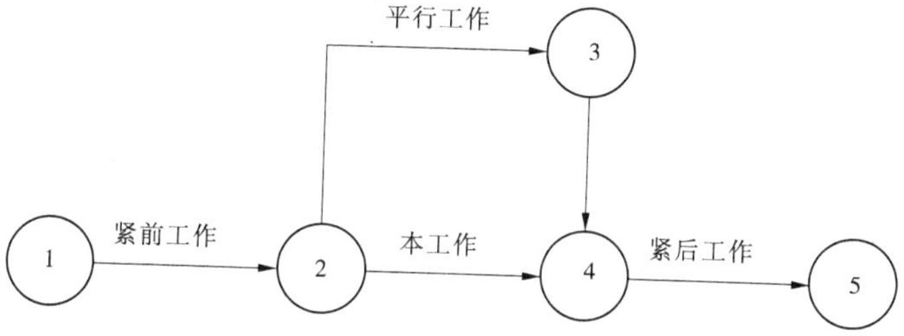


图 8-12　节点

在整个网络图中,除整个网络计划的起点节点和终止节点外,其余的任何节点都具有双重的意义,即前面工作的结束节点,又是后面工作的开始节点。

在一个网络中,可以有许多工作通向一个节点,也可以有许多工作由一个节点出发,我们把通向某个节点的工作称为该节点的紧前工作。

表示整个网络计划开始的节点称为网络计划的起点节点,整个网络计划的最终完成节点称为终点节点,其余称中间节点。

在一个网络图中,每个节点都是自己编号,以便计算网络图的时间参数和检查网络图是否正确。对于一个网络图,只要不重复,各个节点可以任意编号,但是人们习惯从起点节点到终点节点,编号从小到大,并且对于每一个工作,箭尾节点编号一定要小于箭头节点的编号。

### 2.3.3 线路

网络图中从起点节点开始,沿箭线方向连续通过一系列箭线与节点,最后到大终点节点的通路称为线路。每一条线路都有自己确定的完成时间,它等于该线路上各项工作持续时间的总和,也是完成这条线路上所有工作的计划工期,工期最长的线路称为关键线路,位于非关键线路上的工作称为非关键工作。位于关键线路上的工作称为关键工作。关键工作完成的快慢直接影响整个计划工期的实现,关键线路用粗线或者双箭线连接。

关键线路在网络图中不止一条,可能同时存在多条关键线路,这几条线路的持续时间相同。

## 2.4 绘制网络图的原则

作为一种人为设定的计划表达方法,网络图应遵循一定的绘图原则。双代号网络图,其各种绘制可纳入表 8-3。其他形式网络的绘制原则大体与双代号类同。

表 8-3　双代号网络图各种绘制原则

| 绘图要求 | 内容 | 相应绘图处理方法 |
|---|---|---|
| 基本原则 | 必须正确反映工作之间的逻辑关系 | 避免逻辑关系绘图表达出现“多余”或“欠缺”两类错误 |
| 约定规则 | 不允许出现反向箭线 | 通过图形高速避免反向箭线 |
| | 不允许出现用节点代号称呼时的重名箭线 | 用添画虚箭线手法处理 |
| | 不允许出现一个以上的网络图开始或结束节点 | 合并相应节点形成封闭圆形 |
| | 不允许出现双向箭线 | 说明逻辑关系表达有误，检查、重新绘图 |
| | 不允许出现特环回路 | 说明逻辑关系表达有误，检查、重新绘图 |
| | 不允许出现无箭头的线段 | 避免疏忽漏画箭头 |
| | 不允许出现无箭尾节点或无箭头节点的箭线 | 遵从本规则要求画法 |
| | 不允许出现向箭线引入或自箭线引出的箭线（但采用“母线法”绘图时例外） | 遵从本规则要求画法，“母线法”系指多条起始或收尾工作箭线自一条起始工作的箭线引出或向一条收尾工作箭线引入的画法 |
| 图形简化规则 | 尽量保持箭线的水平或垂直状态 | 避免任意直线、层叠折线或曲线画法 |
| | 尽量避免箭线交叉 | 应用绘图技巧避免箭线交叉，可用断路法或过桥法表示 |
| | 尽量避免多余虚箭线及相关节点 | 在准确判断的基础上运用可行方法去除多余虚箭线及相关点 |

本工作、紧前工作、紧后工作、平行工作、先行工作、后续工作、虚工作、虚拟节点等概念术语或设定条件是网络图的基本绘图要素。其中，虚拟节点仅应用于单代号网络图起始或收尾工作不只一项的特定场合。

双代号网络图绘制示例。

绘制步骤：

(1)根据已知的紧前工作，确定出紧后工作，并自左至右先画紧前工作，后画紧后工作。

(2)若没有相同的紧后工作或只有相同的紧后工作，则肯定没有虚箭线；若既有相同的紧后工作，又有不同的紧后工作，则肯定有虚箭线。

(3)到相同的紧后工作用虚箭线，到不同的紧后工作则无虚箭线。

表 8-4、表 8-5 给出了从 A 到 I 共 9 个工作的紧前、紧后工作逻辑关系，绘制双代号网络图并进行节点编号。

表 8-4 某分部工程各施工过程的逻辑关系(一)

| 施工过程 | A | B | C | D | E | F | G | H | I |
|---|---|---|---|---|---|---|---|---|---|
| 紧前过程 | 无 | A | B | B | B | C、D | C、E | C | F、G、H |

表 8-5 某分部工程各施工过程的逻辑关系(二)

| 施工过程 | A | B | C | D | E | F | G | H | I |
|---|---|---|---|---|---|---|---|---|---|
| 紧后过程 | B | C、D、E | F、G、H | F | G | I | I | I | 无 |

画图前,先找到各工作的紧后工作,如表 8-5 所示。显然 C 与 D 有共同的紧后工作 F 和不同的紧后工作 G、H,所以有虚箭线,C 指向共同的紧后工作 F 用虚箭线;另外 C 和 E 有共同的紧后工作 G 和不同的紧后工作 F、H,因此也肯定有虚箭线,C 指向共同的紧后工作 G 是虚箭线。其他均无虚箭线,绘出网络图并进行编号,如图 8-13 所示。绘好后还可用紧前工作进行检查,看绘出的网络图有无错误。

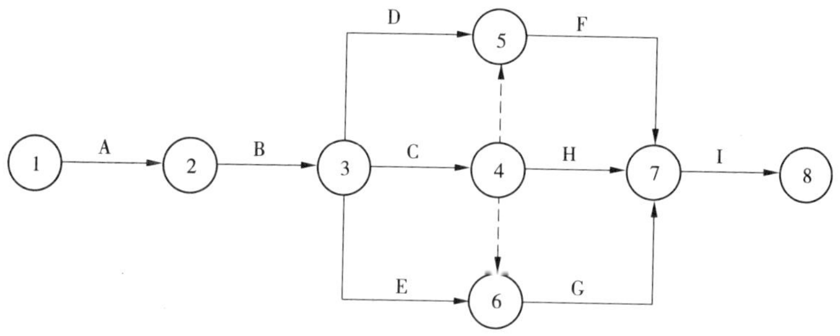


图 8-13 某分部工程网络计划图

## 2.5 双代号网络图时间参数计算

为了动态地优化、调整执行过程当中的工程项目进度计划,必须对经过图形绘制步骤而形成的网络计划实施各种时间参数计算。

### 2.5.1 网络计划的主要时间参数

网络计划的主要时间参数有:

$T_i^E$、$T_i^L$、$D_{i-j}$、$T_{i-j}^{ES}$、$T_{i-j}^{EF}$、$T_{i-j}^{LS}$、$T_{i-j}^{LF}$、$F_{i-j}^T$、$F_{i-j}^F$,有关符号介绍见表 8-6。

### 2.5.2 时间参数的计算原理

(1)计算 $T_i^E$,先令 $T_1^E=0$,从起点节点开始,顺箭杆相加,逢交取大:

$$T_j^E=\max(T_i^E+D_{i-j})$$

(2)计算 $T_i^L$,先令 $T_n^L=T_n^E$,从结束节点开始,逆箭杆相减,逢交取小:

$$T_i^L=\min(T_j^L-D_{i-j})$$

(3)计算 $T_{i-j}^{ES}$、$T_{i-j}^{EF}$、$T_{i-j}^{LF}$、$T_{i-j}^{LS}$、$F_{i-j}^T$、$F_{i-j}^F$:

$$T_{i-j}^{ES}=T_i^E$$

$$T_{i-j}^{EF}=T_{i-j}^{ES}+D_{i-j}=T_i^E+D_{i-j}$$

$$T_{i-j}^{LF} = T_j^L$$

$$T_{i-j}^{LS} = T_{i-j}^{LF} - D_{i-j} = T_j^L - D_{i-j}$$

表 8-6 双代号网络图主要时间参数

| 种类 | 符号（双代号） | 符号（单代号） | 含义 | 求取方法（以双线号网络图为例） |
|---|---|---|---|---|
| 节点最早时间 | $T_i^E$ | | 节点处最早时间 | |
| 节点最迟时间 | $T_i^F$ | | 节点处最迟时间 | |
| 工作持续时间 | $D_{i-j}$ | | 本工作持续时间 | |
| 工作的最早可以开始时间 | $T_{i-j}^{ES}$ | $ES_I$ | 一旦具备工作条件，便立即进行的工作开始时间 | $Es_{ij} = \max(ES_{hi} + D_{hi})$ |
| 工作的最早可能完成时间 | $T_{i-j}^{EF}$ | $EF_I$ | 与上一时间参数对应的工作完成时间 | $EF_{ij} = ES_{ij} + D_{ij}$ |
| 工作的最迟必须开始时间 | $T_{i-j}^{LS}$ | $LS_I$ | 在不影响总体工程任务按计划工期完成前提下的工作最晚开始时间 | $LS_{ij} = \min(LS_{jk} - D_{if})$ |
| 工作的最迟必须完成时间 | $T_{i-j}^{LF}$ | $LF_I$ | 与上一时间参数对应的工作完成时间 | $LF_{ij} = LS_{ij} + D_{ij}$ |
| 工作总时差 | $F_{i-j}^T$ | $TF_I$ | 在不影响总体工程任务按计划工期完成前提下本项工作拥有的机动时间 | $TF_{ij} = LS_{ij} - ES_{ij}$ |
| 工作自由时差 | $F_{i-j}^F$ | $FF_I$ | 在不影响紧后工作最早可以开始时间前提下本项工作拥有的机动时间 | $FF_{ij} = ES_{jk} - ES_{ij} - D_{ij}$ |
| 相邻两工作时间间隔 | $LAG$ | $LAG_{IJ}$ | 本工作最早完成时间与紧后工作最早开始时间的间隔 | $LAG_{ijk} = ES_{jk} - EF_{jk}$ |
| 计算工期 | $T_C$ | | 由关键线路决定的网络计划总持续时间 | $T_C = \max(ES_{in} + D_{in})$ |
| 计划工期 | $T_P$ | | 基于计算工期高速形成的工期取值，一般令 $T_P = T_C$ | |
| 要求工期 | $T_r$ | | 外界所加工期限制条件 | |

注：1. $IJ$、$HJ$、$JK$ 分别表示双代号网络图中的本工作及其紧前、紧后工作，设表收居工作。

2. 要求工期及不按计算工期取值确定的计划工期均与时间参数计算无关。

总时差 $F_{i-j}^T$：就是在不影响工期的前提下，各项工作所具有的机动时间，一项工作从最早开始时间或最迟时间开始均不会影响工期，计划公式如下：

$$F_{i-j}^T = T_{i-j}^{LF} - T_{i-j}^{EF} = T_{i-j}^{LS} - T_{i-j}^{ES}$$

自由时差 $F_{i-j}^F$：是反映各项工作在不影响其紧后工作最早开始时间的条件下所具有的机动时间，有自由时差的工作可占用的时间范围是从该工作最早开始时间至其紧后工作最早开始时间，计算公式如下：

$$F_{i-j}^T = T_j^L - T_i^E - D_{i-j}$$

$$F_{i-j}^F = T_j^E - T_i^E - D_{i-j}$$

关键工作：凡是总时差 =0 的工作。

非关键工作：凡是总时差≠0 的工作。

关键线路：由关键工作连接起来的线路。

计算公式总结如下：

$T^{ES}_{i-j起始工作}=0 \quad T^{ES}_{i-j}=\max\{EF_{紧前工作}\}$

$T^{EF}_{i-j}=T^{ES}_{i-j}+D_{本工作}$

$T_C=\max\{EF_{终止工作}\} \quad T_P=T_C$ 或合同工期

$T^{LF}_{i-j终止工作}=T_P \quad T^{LF}_{i-j}=\min\{LS_{紧后工作}\}$

$T^{LS}_{i-j}=T^{LF}_{i-j}-D_{本工作}$

$F^{T}_{i-j}=T^{LF}_{i-j}-T^{EF}_{i-j}=T^{LS}_{i-j}-T^{ES}_{i-j}$

$F^{F}_{i-j}=\min\{T^{ES}_{i-j紧后工作}\}-T^{EF}_{i-j}$

【例 8-6】 某工程的网络计划图如图 8-14 所示，试计算该网络计划的时间参数。

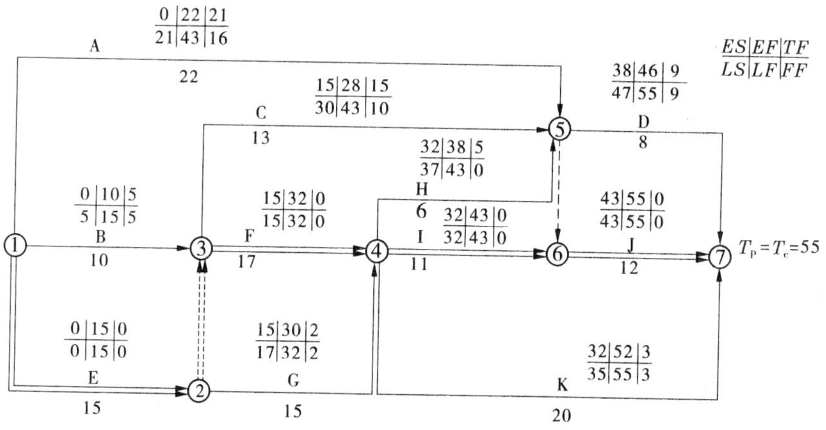


图 8-14 例 8-6 图

**解**：(1)以 A 工作为例计算。

最早时间：$T^{ES}_{i-j}=0$

最早完成时间：$T^{EF}_{i-j}=T^{ES}_{i-j}+D_{1-2}=0+22=22$

(2)以 F 工作为例计算。

最早时间：$T^{ES}_{i-j}=\max\{T^{EF}_{i-j},T^{EF}_{i-j}\}=\max\{10,15\}=15$

最早完成时间：$T^{EF}_{i-j}=T^{ES}_{i-j}+D_{3-4}=15+17=32$

其余节点请同学们自己完成，并最终计算出工期。

(3)以 J 工作为例计算。

最迟完成时间：$T^{LF}_{i-j}=55$

最迟开始时间：$T^{LS}_{i-j}=T^{LS}_{i-j}=T^{LF}_{i-j}-D_{6-7}=55-12=43$

(4)以 F 工作为例计算。

最迟完成时间：$T^{LF}_{i-j}=\min\{LS_{紧后工作}\}=\min\{I,H,K\}=\min\{32,37,35\}=32$

最迟开始时间：$T^{LS}_{i-j}=T^{LF}_{i-j}-D_{3-4}=32-17=15$

其余计算请同学们自己完成。

(5)总时差。

以 A 工作为例。

总时差：$F_{i-j}^{T} = T_{i-j}^{LF} - T_{i-j}^{EF} = T_{i-j}^{LS} - T_{i-j}^{ES} = 21 - 0 = 21$

(6)自由时差。

以 A 工作为例：

$$F_{i-j}^{F} = \min\{T_{i-j\text{紧后工作}}^{ES}\} - T_{i-j}^{EF} = \min\{D_{\text{工作}}, J_{\text{工作}}\} - T_{i-j}^{EF}$$
$$= \min\{38, 43\} - 22 = 16$$

其余计算请同学们自己完成。

由例可以看出总时差为 0 的线路为关键线路。

## 2.6 单代号网络图

### 2.6.1 单代号网络图绘图基本规则

(1)因为每个节点只能表示一项工作，所以各节点的代号不能重复。

(2)用数字代表工作的名称时，宜由小到大按活动先后顺序编号。

(3)不允许出现循环的线路。

(4)不允许出现双向的箭线。

(5)除原始节点和结束节点外，其他所有节点都应有指向箭线和背向箭线。

(6)在一幅网络图中，单代号和双代号的画法不能混用。

### 2.6.2 单代号网络图节点的表示形式

单代号网络图节点的表示形式，见图 8-15。

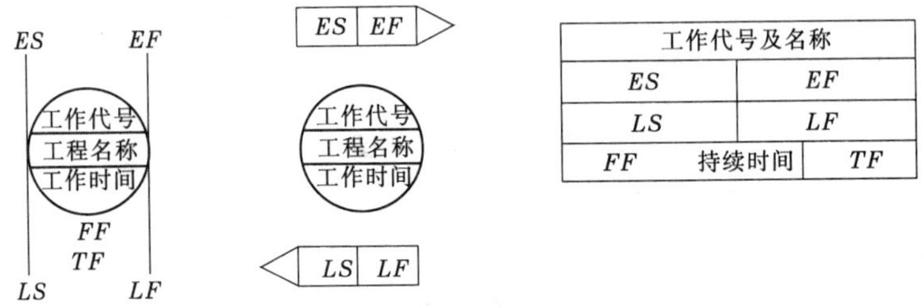


图 8-15 单代号网络图节点

### 2.6.3 网络图的表示

单代号网络图的表达形式很多，所用的符号也不尽相同，但基本形式是用节点(圆圈或方框)表示工作，用箭线表示工作之间的逻辑关系(见图 8-16)，所以也被称为工作节点网络图。图 8-17 为一个单代号网络图的示例。

### 2.6.4 单代号搭接网络计划有关时间参数的计算和计算公式

工作的最早开始时间和最早完成时间的计算和计算公式见图 8-18。

工作的最迟完成时间和最迟开始时间的计算和计算公式见图 8-19。

总时差 $TF$：

$$TF = LF - EF = LS - ES$$

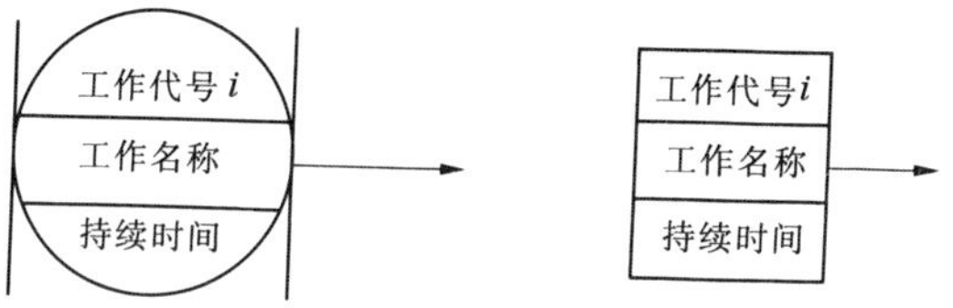


(a)用圆圈表示节点　　(b)用矩形框表示节点

图 8-16　单代号网络图计算实例

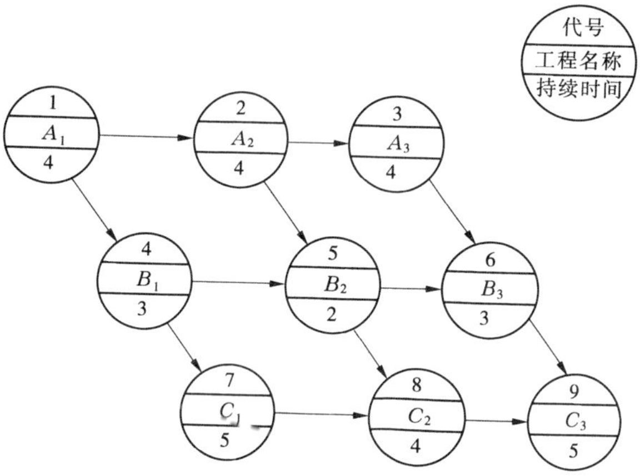


图 8-17　某单代号网络图的示例

| | | |
|---|---|---|
| $ES_j=\max$ | $EF_i+FTS_{i,j}$ | $EF_j=ES_j+D_j$ |
| | $ES_i+STS_{i,j}$ | |
| | $EF_i+FTF_{i,j}-D_j$ | |
| | $ES_i+STF_{i,j}-D_j$ | |

图 8-18　最早开始时间和最早完成时间的计算和计算公式

| | | |
|---|---|---|
| $LF_i=\min$ | $LS_j-FTS_{i,j}$ | $LS_i=LF_j-D_i$ |
| | $LS_j+D_i-STS_{i,j}$ | |
| | $LF_j-FTF_{i,j}$ | |
| | $LF_j+D_j-STF_{i,j}$ | |

图 8-19　最迟完成时间和最迟开始时间的计算和计算公式

时间间隔 $LAG_{i,j}$的计算及计算公式见图 8-20。

自由时差 $FF_i$：

$$FF_i=\min\{LAG_{i,j}\}$$

单代号网络图计算实例见图 8-21。

| | | |
|---|---|---|
| $LAG_{i,j}=\min$ | $ES_j - EF_i - FTS_{i,j}$ | |
| | $ES_j - ES_i - STS_{i,j}$ | |
| | $EF_j - EF_i - FTF_{i,j}$ | |
| | $EF_j - ES_i - STF_{i,j}$ | |

图 8-20　时间间隔的计算及计算公式

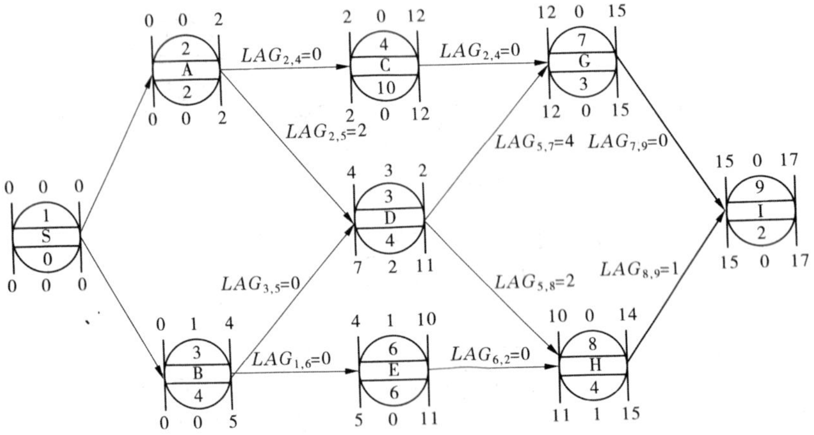


图 8-21　单代号网络图计算实例

设计中的施工组织设计进行介绍。

根据初步设计编制规程和施工组织设计规范,初步设计的施工组织设计应包含以下8个方面的内容。

## 1 施工条件

施工条件包括工程条件、自然条件、物质资源供应条件以及社会经济条件等,主要有:

(1)工程所在地点,对外交通运输,枢纽建筑物及其特征;

(2)地形、地质、水文、气象条件,主要建筑材料来源和供应条件;

(3)当地水源、电源情况,施工期间通航、过木、过鱼、供水、环保等要求;

(4)对工期、分期投产的要求;

(5)施工用地、居民安置以及与工程施工有关的协作条件等。

## 2 施工导流

施工导流设计应在综合分析导流条件的基础上,确定导流标准,划分导流时段,明确施工分期,选择导流方案、导流方式和导流建筑物,进行导流建筑物的设计,提出导流建筑物的施工安排,拟定截流、度汛、拦洪、排冰、通航、过木、下闸封堵、供水、蓄水、发电等措施。

## 3 主体工程施工

主体工程包括挡水、泄水、引水、发电、通航等主要建筑物,应根据各自的施工条件,对施工程序、施工方法、施工强度、施工布置、施工进度和施工机械等问题,进行分析比较和选择。

## 4 施工交通运输

(1)对外交通运输:是在弄清现有对外水陆交通和发展规划的情况下,根据工程对外运输总量、运输强度和重大部件的运输要求,确定对外交通运输方式,选择线路的标准和线路,规划沿线重大设施和与国家干线的连接,并提出场外交通工程的施工进度安排。

(2)场内交通运输:应根据施工场区的地形条件和分区规划要求,结合主体工程的施工运输,选定场内交通主干线路的布置和标准,提出相应的工程量。施工期间,若有船、木过坝问题,应作出专门的分析论证,提出解决方案。

## 5 施工工厂设施和大型临建工程

(1)施工工厂设施,应根据施工的任务和要求,分别确定各自位置、规模、设备容量、生产工艺、工艺设备、平面布置、占地面积、建筑面积和土建安装工程量,提出土建安装进度和分期投产的计划。

(2)大型临建工程,要作出专门设计,确定其工程量和施工进度安排。

## 6 施工总布置

施工总布置主要有以下任务：

(1)对施工场地进行分期、分区和分标规划。

(2)确定分期分区布置方案和各承包单位的场地范围。

(3)对土石方的开挖、堆料、弃料和填筑进行综合平衡，提出各类房屋分区布置一览表。

(4)估计用地和施工征地面积，提出用地计划。

(5)研究施工期间的环境保护和植被恢复的可能性。

## 7 施工总进度

合理安排施工进度：

(1)必须仔细分析工程规模、导流程序、对外交通、资源供应、临建准备等各项控制因素，拟定整个工程的施工总进度。

(2)确定项目的起迄日期和相互之间的衔接关系。

(3)对导流截流、拦洪度汛、封孔蓄水、供水发电等控制环节，工程应达到的形象面貌，需作出专门的论证。

(4)对土石方、混凝土等主要工种工程的施工强度，对劳动力、主要建筑材料、主要机械设备的需用量，要进行综合平衡。

(5)要分析施工工期和工程费用的关系，提出合理工期的推荐意见。

## 8 主要技术供应计划

(1)根据施工总进度的安排和定额资料的分析，对主要建筑材料和主要施工机械设备，列出总需要量和分年需要量计划。

(2)在施工组织设计中，必要时还需提出进行试验研究和补充勘测的建议，为进一步深入设计和研究提供依据。

(3)在完成上述设计内容时，还应提出相应的附图。

# 项目10　基础开挖及地基处理

## 任务1　基坑测量放样与其他部位的放样

动工前首先要根据设计图纸把建筑物的方向，基础的大小尺寸、高程在现场确定下来。放样是设计要求与现场实际有机的结合，放样可以作为设计的补充和完成设计的必要手段，经放样的现场核对，如发现问题便可及时修正补救，使设计更加完善。一般小型工程的地形测量多不设坐标，对方位并未严格要求，因此在放样时应先确定方位，然后按下列步骤进行放样：

(1)根据设计在地形图上确定的主体工程的方位，参照图根点和地形，在现场先放出建筑物的中心线，即轴线。一般应定出纵向和横向的轴线，然后根据中心线对照设计平面图放样。

(2)根据基础设计图，按照基础在纵向轴线上的不同部位编好桩号，起点处为0+000，自上而下按里程依次编写；或先根据纵向横向轴的交点定出中心桩，从中心向两端依次定出各部位的桩位，在桩上写出里程桩号，图上桩位和实地应一致，然后测量各桩位桩顶高程和地面高程。

(3)为了防止施工期中桩位的扰动和损坏，应当在中心线两端的延长线上，选择不易受到损坏，又便于现场检验的地方，设置基桩和校核高程的水准基点桩。

(4)按照图中心桩各桩号处的尺寸放出建筑物的基础边线。

(5)根据各桩号处地基应开挖的深度，按照基坑设计断面或参考基坑土质，确定开挖边坡坡度。但必须考虑开挖到设计高程后，由于施工排水、安放施工设备以及交通道路等所需要留出的宽度，再放出地面上基坑开挖的周边线，并按此范围开挖基坑。

(6)为了保证施工期内边坡的稳定，要参照现场土质确定边坡，一般黏壤土边坡可采用1:1~1:1.5，砂壤土1:1.5~1:2，粉砂土1:3以上。如基坑开挖深度较大，土壤含水量高，边坡就要求平缓一些；如土质坚实，地下水位低，工期短，开挖深度不大，边坡就可以陡些。在坚土或岩石基础上开挖，只要不影响上下交通，可以采用小于1:0.5的边坡，甚至垂直开挖。

(7)如工期较长，施工过程中要经历雨季或汛期洪水的考验，同时开挖深度也较大，地下水位较高，就要适当加大基坑开挖范围，以免施工中出现特殊情况时处理困难。

(8)基坑挖出的土石方要在指定地点堆放，堆放废土除设计有明确规定外，一般至少要在基坑边线以外，相当于挖土深度的范围，以免影响施工和基坑的安全。

(9)其他部位的放样工作，要把握平面尺寸、垂直度、高程等几个要素。要通过几次不同角度的校核。

图10-1为某水闸施工平面图。

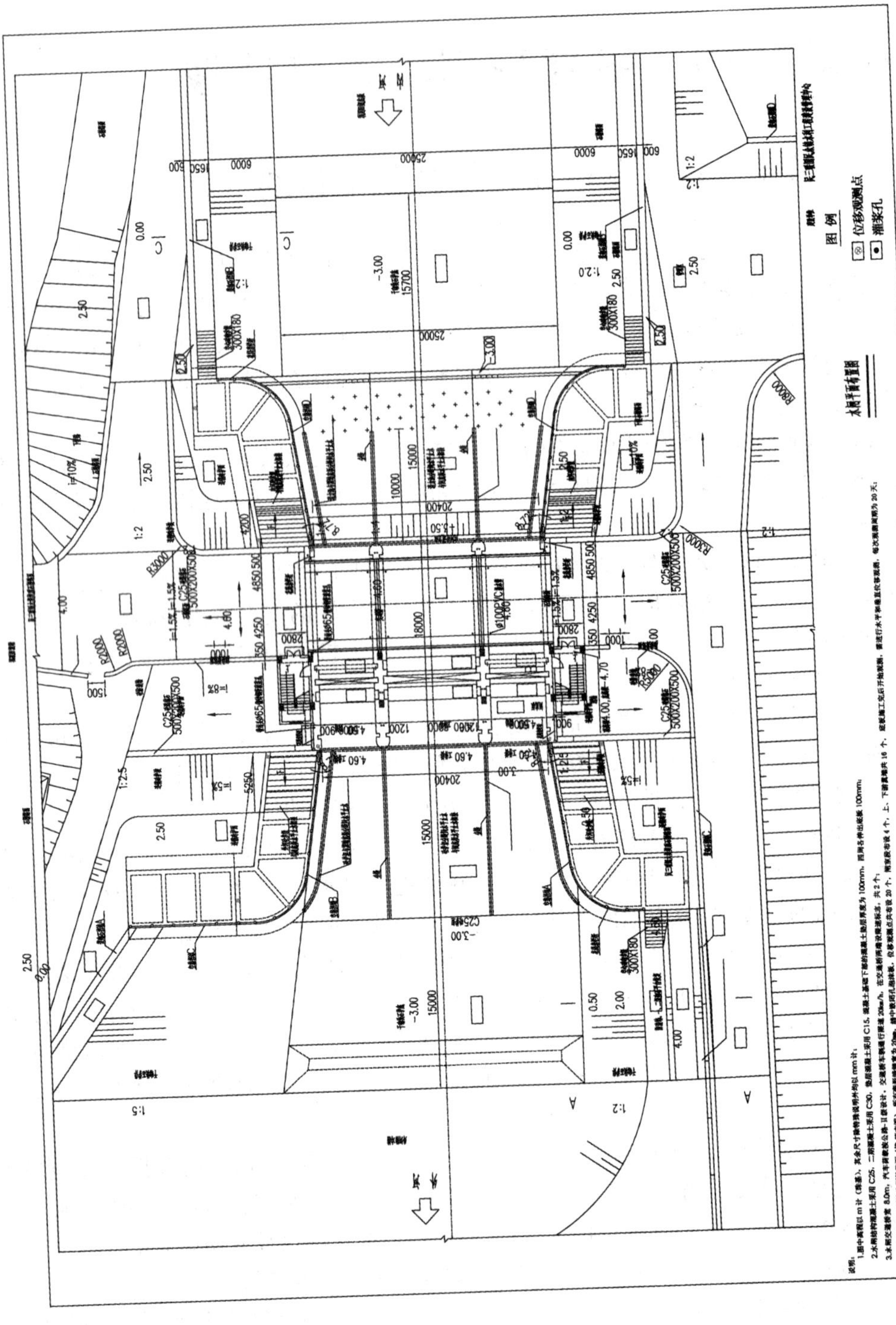

图 10-1 某水闸施工平面图

# 任务 2　施工排水与降水

水工建筑物的基础施工，一般多在围堰保护下进行，工作面低于地面，因此经常受外水、基坑范围内的降雨和地下水的影响。为了给施工创造一个良好的条件，保持比较干燥的工作面，必须妥善解决基坑内的排水。良好的施工排水不仅有利于提高基础的承载力，保护地基土层不受破坏，还可以减少开挖工程量，加快施工进度，提高地基和基础质量。

## 1　土壤的分类

土壤的野外鉴别方法见表 10-1，土壤按粒径的分类见表 10-2。

表 10-1　土壤的野外鉴别方法

| 土壤名称 | 黏粒含量（<0.005 mm） | 用手搓时的感觉 | 用放大镜及肉眼观察搓碎的土 | 干土状态 | 湿土状态 | 湿土搓捻情况 |
| --- | --- | --- | --- | --- | --- | --- |
| 黏土 | >30% | 极细的均匀土块，很难用手搓碎 | 均质细粉末，看不见砂粒 | 土块坚硬，用锤能打碎，碎块不会散落 | 用刀切表面光滑黏塑，滑腻 | 很容易搓成细 0.5 mm 的长条，也易滚成小土球 |
| 壤土（亚黏土） | 10% ~30% | 没有均质的感觉，感到有砂粒，土块容易被压碎 | 从细粉末中可清楚地看到砂粒 | 用锤击或手压，土块易压碎 | 有可塑性，呈弱黏性 | 能搓成比黏土粗的短土条，能滚成小土球 |
| 粉质壤土（粉质亚黏土） | 10% ~30% | 砂粒的感受少，土块容易压碎 | 砂粒数很少，但有很多细粉粒 | 表面粗糙，用手压土块易碎开 | 有可塑性，呈弱黏性 | 不能搓成长土条，搓成的较粗土条容易断裂 |
| 砂壤土（亚砂土） | 3% ~10% | 土质不均匀，能感到砂粒的存在，稍用力，土块即被压碎 | 砂粒多于黏粒 | 土块易散开，用手压或铲起土块抛掷，土块即散成土屑 | 无塑性 | 几乎不能搓成土条，滚成的土球易开裂 |
| 砂土 | <3% | 感觉只有砂粒，没有黏粒 | 只能见到砂粒 | 松散不成块 | 无塑性，呈流体状 | 不能搓成土条和滚成土球 |
| 砾质土 | | 大于 2 mm 的土粒很多，当其含量超过一半时，称为砾石 | 大于 2 mm 的土粒，其外形是磨圆形称圆砾；若呈棱角称角砾 | | | |

表 10-2 土壤按粒径分类

| 名称 | 黏粒 | 粉粒 | 砂砾 | 砾石 | 卵石（碎石） | 漂石（块石） |
|---|---|---|---|---|---|---|
| 粒径范围（mm） | <0.005 | 0.05～0.005 | 2～0.05 | 20～2 | 200～20 | >200 |

有条件的工程在动工前可采用手摇钻钻探取得土样，查明地基各部位和不同高程的土质及地下水资料等有关数据，供基础开挖时确定边坡，做好排水等有关准备工作的依据。

## 2 基坑积水排除

当围堰完成后，尽快排除基坑积水。首先要充分利用下游水位较低的条件自流排水，余水经排水沟导引到基坑，用水泵排出。排干积水的工作要抓紧进行，使基坑有个固结干燥的时间，便于弄清情况，安排有关施工准备工作。

## 3 经常性的排水措施

经常排水包括雨水和地下渗水的排除。凡是有条件利用地形自流排水的要尽量利用。在基坑四周自高向低开挖排水沟，把渗水引向机塘用水泵排出。

（1）作为排水干沟（龙沟），其布置应尽量不要干扰施工，有一定纵坡便于集中渗水。龙沟断面应根据渗水量和纵向坡度确定。

（2）机塘的大小一般相当于所用水泵 10～15 min 的出水量，可以放大的要尽量放大。机塘深度要低于基坑工作面，同时保持水泵工作的水深。

（3）经水泵排出基坑的渗水，要引出基坑一定距离，防止排出的水重复回到基坑。

（4）排水沟要经常保持通畅，有专人负责清理和维修工作，使沟底的深度保持低于施工工作面。需要分次加深的排水沟，可以分别开两条排水沟，一条使用，一条加深，使排水沟加深工作超前于基坑开挖的进度，一条沟应设置两处机塘，以便轮换使用，以免排水中断。

（5）如基坑工作面较大，排水任务重、要求高，工地就必须配备一定数量的备用水泵，便于水泵发生故障或降雨后能及时投入使用。

（6）如果沿基坑四周开挖排水沟，排水沟应当布置在建筑物基础轮廓之外，不要给出土进料基础施工造成困难，排水沟距基坑坡脚要有一定距离，防止塌方，影响排水和边坡稳定。

（7）设在闸坝上下游的排水龙沟或支沟可以结合基础设计的截水墙或防冲槽进行，但要求在施工排水过程中不破坏地基土壤结构，防止因渗水出现管涌、流土而导致基坑土壤结构的破坏，也要防止因水流冲刷后因回填处理不当而造成渗漏隐患。

## 4 降低地下水措施

位于地下水位较高处的粉土和粉砂基础，在基础开挖过程中，容易发生流沙、管涌，给施工带来很大困难。造成管涌的外因是地下水位高，渗水的溢出坡降超过粉砂粉土的允许范围，使土粒随渗水移动；其内因是粉砂土颗粒细而均匀，允许的渗水出溢坡降较小。因此在粉砂粉土地基上施工，为了保证施工顺利进行，降低地下水位是一项关键措施。

针对粉砂粉土地基，使用施工工艺的改进，如沉井基础、水力冲填法施工等，这里不再讲述。仅举例两点比较有效果且经济实用的降水办法。

### 4.1 “简易井管排水”降低地下水

井管用水力冲填法沉放，在井管内安放水泵抽水，开挖过程中，把地下水降低到地基设计高程以下。关于井管构造、井距、井深、井径都要根据基础土质、地下水和土壤的渗透系数确定。

采用井管降低地下水位的施工方法，不仅避免流沙给基础开挖带来的困难，同时因地下水降低，使施工范围内土壤的含水量降低，土壤的物理力学性质得到改善，内摩擦角和密实度增大，开挖基坑的边坡可加陡到1:1～1:2，从而大大减少基坑开挖的工程量，加上施工条件的改善、挖土工效的提高，工程造价能相应降低。更重要的是赢得了时间，加快了工程进度，缩短了工期。

井管材料：常用无砂混凝土管或普通混凝土管，见图10-2。

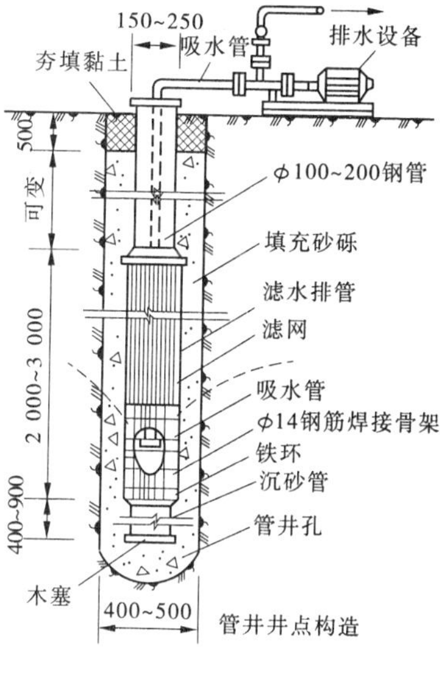


(a)

(b)

图10-2 管井构造 (单位:mm)

井管数量和深度：从井管内抽水后，四周形成一个水位降落漏斗，漏斗范围和基坑土质、含水层厚度、水位抽降深度、出水量等因素有关，一般细砂及粉砂地基降落漏斗的影响半径为50～100 m。要根据基坑范围大小，开挖深度，经现场打井观测，再确定井内水位降落深度和井管数量。井管的深度要根据施工需要降低水位的深度来确定。一般基坑应布置两口或两口以上的井。

井管的直径：井管内径取决于水泵在管内起落时是否方便，一般净直径为 30 ~ 40 cm，管壁厚度 4 ~ 6 cm，每节长 1 m。

井管的施工：一般用钻井工具如大锅锥造孔，井管外径 40 cm 时，大锅锥造孔直径为 70 cm。简易井管可直接在已挖部分的基坑上埋设，使用冲填法进行，井管下沉要均匀，位置要恰当。

### 4.2 “简易井点排水”降低地下水

一种是土法：在基坑周边用人工插井，插入塑料管（端部用细纱布包裹好），用 1.5 kW 水泵（家庭抽小井水用的）抽排地下水。一根塑料管一台小水泵。基坑周边布置间距约为 1 m。

另一种方法是轻型井点，见图 10-3。

轻型井点是由井管、集水总管、普通离心式水泵、真空泵和集水箱所组成的一个降排水系统。井管直径为 50 mm，间距为 0.6 ~ 1.8 m，最大可到 3.0 m。地下水从井管下端的滤水管借真空泵和水泵的抽吸作用流入管内，沿井壁上升汇入集水总管，流入集水箱，由水泵排出。

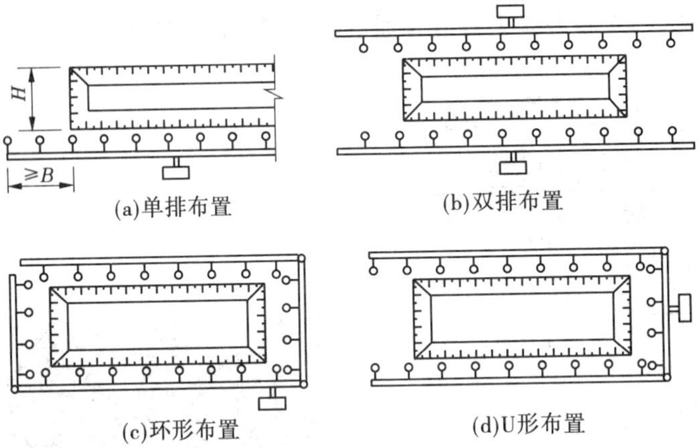


(a)单排布置　(b)双排布置

(c)环形布置　(d)U形布置

图 10-3　轻型井点布置形式

单排布置：当基坑（槽）宽度 <6 m、降水深度 ≤5 m 时可采用单排布置。井点管应布置在地下水的上游一侧，两端的延伸长度不宜小于坑槽的宽度 $B$。

双排布置：当基坑（槽）宽度 >6 m 时应采用双排布置。

环形布置：当基坑面积较大时，应采用环形布置（考虑施工机械进出基坑时宜采用 U 形布置）。

采用双排、环形或 U 形布置时，位于地下水上游一排的井点间距应小些，下游井点的间距可大些。

如采用 U 形布置，则井点管不封闭的一段应在地下水的下游方向。

轻型井点的高程布置见图 10-4。

轻型井点降水深度一般不大于 6 m，井点管埋置深度 $H$（不包括滤管）可按下式计算：

$$H \geqslant H_1 + h + iL$$

当 $H$ 值小于降水深度 6 m 时，可用一级井点。当 $H$ 值稍大于 6 m 时，如降低井点管

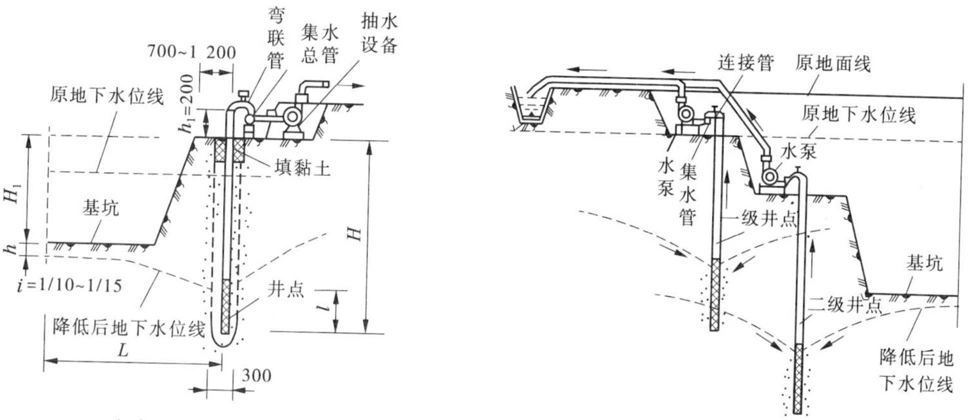


(a)一级轻型井点高程布置

(b)二级轻型井点降水

**图 10-4　轻型井点的高程布置**（单位:mm）

的埋置面可满足降水深度要求时,仍可用一级井点降水。

在确定井点管埋置深度时,还应考虑井点管露出地面 0.2 ~ 0.3 m,滤管必须埋在透水层内。当一级井点达不到降水深度要求时,可采用二级井点。

# 任务 3　土方开挖与回填工程

## 1　基坑土方开挖断面设计

根据招标文件和监理工程师提供的各土层指标进行坡面抗滑稳定的经验结算,确定基坑开挖采取无支护坡开挖方式,边坡采取安全系数大于 1.5 的坡比,及时将开挖前实测地形和开挖放样剖面图报送监理工程师,经批准后方可进行开挖。

## 2　土方开挖

基坑土方开挖采用机械开挖,首先开挖闸身基础,然后开挖挡土墙基础,开挖时要留有 15 ~ 25 cm 的保护层,根据经规划的开挖区域的施工道路,将开挖出的土方送至基坑两侧弃土区集中堆放,以备还填。

土方开挖应从上至下分层分段依次进行,严禁自下而上或采取倒悬的开挖方法,施工中随时做成一定的坡势,以利排水,开挖过程中应尽量避免边坡稳定范围形成积水。基础和岸坡易风化崩解的土层,开挖后不能及时回填的,应保留保护层。

使用机械开挖土方时,实际施工的边坡坡度适当留有修坡余量,再用人工修整,满足施工图纸要求的坡度和平整度。

土方开挖过程中,如出现裂缝和滑动迹象,立即停止施工并采取应急抢险措施,做好边坡变化记录。

根据监理工程师批复的土料场规划,确定弃土的堆放地点,不允许在开挖范围的上侧弃土,在边坡上部堆置弃土时应确保开挖边坡的稳定,并经工程师批准。

### 3 土方回填与夯实

闸身主体部位的回填土方采用机械施工并分层压实,石墙后土方回填及边角回填土方以人工为主,采用蛙式打夯机夯实,局部辅以人工夯实。回填前清除填筑面上的积水、杂物,对回填土料进行试验,确定压实的厚度、松铺厚度、夯实遍数及最佳含水量,成果报请工程师批准后进行施工,回填时必须清除填筑面上的积水、杂物。铺土的厚度根据夯实形式及土质通过夯实试验确定,以确保回填土方工程质量满足技术规范的规定要求,如回填土方的含水量偏大,则采取在回填面破碎翻松、翻晒、风干,达到夯实含水量的适宜范围再进行夯实。闸身两侧回填土方时,应对称均衡上升。分段之间填筑面也应力求均匀上升。对于确需留有高差的断面,连接处以不低于 1∶3坡比的缓坡比连接,以避免还填接缝,确保建筑施工受力的均匀。施工时始终确保填筑面向后倾斜 2% 的缓坡,以利于雨天排水,同时根据工程的需要留设集水坑,抽排地表来水。雨天禁止施工回填土方。

土方回填前,取用有代表性的土质,根据《土工试验规程》(SD 128—84 与JTJ 051—93)标准进行击实试验和现场碾压成果试验,以确定回填土的最大密度和相应的最佳含水量,并得出土的合适压实度所需的含水量在合适压实度的含水量范围内。碾压后逐层采用环刀法进行干容重的检查,取样密度满足规范的规定要求,试验结果合格率达优良标准以上,同时成果报经监理工程师批准后,方可进行上层土方施工。

## 任务 4 基础处理

地基是水利工程的基础,决定了工程的质量,地基处理技术发展至今,已逐渐成为一门综合性、专业性、技术性的学科。在施工负责的水利工程项目中,如何经济、科学、合理地解决好地基问题,已经成为工程的"重头戏"。在地基处理问题上,我国有相当一部分专家在致力研究,新工艺、新技术、新材料、新设备层出不穷,在一定程度上解决了施工难题。

### 1 地基处理的方法

水闸地基处理的方法很多,它们主要用于以下三个方面:增加地基的承载能力,保证建筑物的稳定;消除或减少地基的有害沉降;防止地基渗透变形。

目前国内外对于水闸地基处理的方法也很多,使用较多的主要有以下几种:置换拌入法、排水固结法、灌浆法、振密或挤密法、加筋法和桩基法等。

#### 1.1 置换拌入法

置换拌入法又分为换土垫层法、振冲置换法、高压喷射注浆法、深层搅拌法、石灰桩法。

##### 1.1.1 换土垫层法

换土垫层法是当淤土层厚度较薄时,采用淤土层换填砂壤土、灰土、粗砂、水泥土及采用沉井基础等办法进行地基处理。由于换砂不利于防渗,而且工程造价较高,所以一般就地取材,以换填泥土为宜。换土垫层法要回填有较好压密特性土进行压实或夯实,形成良好的持力层，从而改变地基承载力特性，提高抗变形和稳定能力。施工时应注意坑边稳定，保证填料质量，填料应分层夯实。

### 1.1.2 振冲置换法

振冲置换法是指利用一个产生高能水平向振动的振冲器。在高压水流(气流)下边振边冲,在软弱黏性土地基中成孔,再在孔内分批填入碎石等坚硬材料制成的一根根桩体,和原来的黏性土构成复合地基。利用振冲器加固地基的方法有两种:其一是振密法,适用于砂土地基,另一种为振冲置换法,适用于黏性土地基。

### 1.1.3 高压喷射注浆法

高压喷射注浆法以高压喷射直接冲击破坏土体,使水泥浆液与土体拌和,凝固后成为拌和桩体,见图10-5、图10-6。此法加固地基主要用于软弱土层,对砂类土、黏性土、黄土和淤泥均能进行加固,效果较好,该法设备简单、轻便,施工噪声小,可用于水工建筑物或建筑物基坑支护结构的防渗止水。但是当地层含有过大的砾卵石、块石影响喷射效果,地层有空隙或漏浆通道造成浆液漏失,砂层中喷射过程中孔内坍塌造成沉砂抱管,淤泥层缩径造成插管偏离形成孔斜,地层中地下水丰富,喷射的水泥浆液被稀释运移而无胶结。这些都是会影响施工的因素。

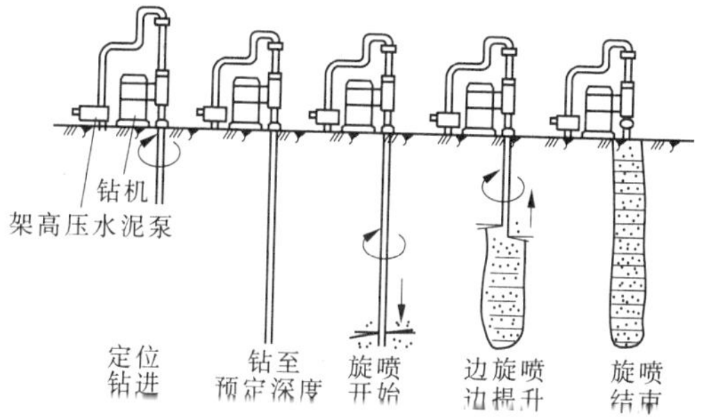


图10-5 旋喷法施工流程图

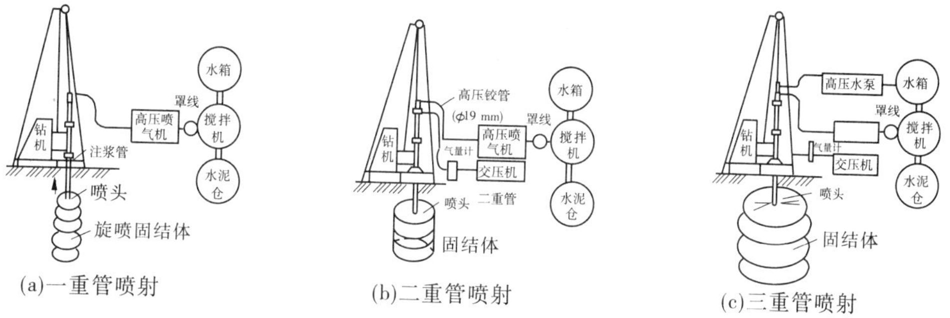


(a)一重管喷射 (b)二重管喷射 (c)三重管喷射

图10-6 高压旋喷施工示意图

### 1.1.4 深层搅拌法

深层搅拌法是用于加固饱和软黏土的技术,见图10-7。它是利用水泥、石灰或其他材料作为固化剂的主剂,通过特别的深层搅拌机械,在地基深处将软土和固化剂强制搅拌成水泥土,利用固化剂和地基土产生一系列物理化学反应,形成坚硬拌和桩体,与原地基土共同起复合地基作用。此法可使基土不被挤向四周,对邻近的现有建筑物影响较小,施工噪声也小。

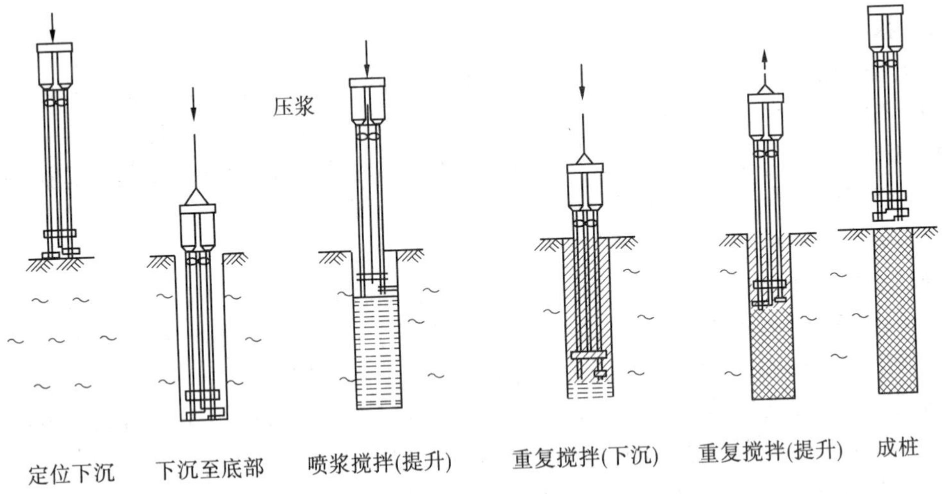


**图 10-7　深层搅拌桩施工工艺流程图**

1.1.5　*石灰桩法*

石灰桩法是在软弱地基土中用机械成孔，填入生石灰块压实形成桩体，利用生石灰的吸水、膨胀、放热作用和土与石灰的离子交换反应、凝硬反应等作用，桩体周围土体的物力力学性质得以改善，石灰桩和周围被改善的土体一起组成复合地基，达到加固地基目的。此法多采用打入、振入、压入的灌注桩机施工。

### 1.2　排水固结法

排水固结法是解决淤泥软黏土地基沉降和稳定问题的有效措施，由排水系统和加压系统两部分组合而成，见图 10-8。排水固结法的原理是软黏土地基在荷载作用下，土中孔隙水缓慢排出，孔隙比减少，地基发生固结变形，同时随超静水压力逐渐消散，土中有效应力增大，地基土强度逐渐增长。

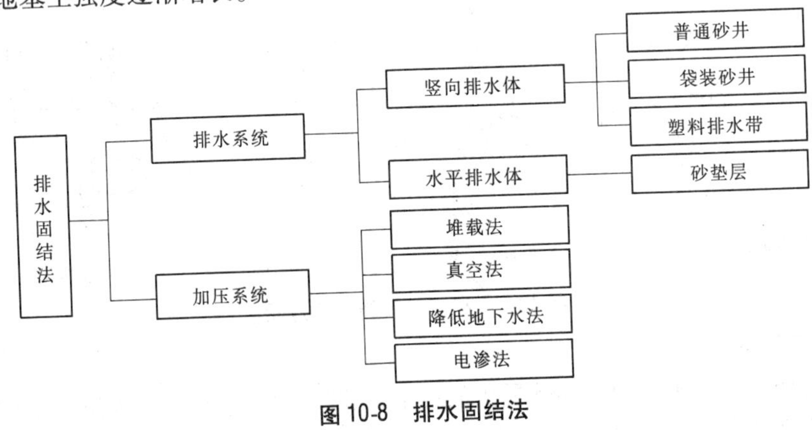


**图 10-8　排水固结法**

排水固结法又分为堆载预压法、砂井法、真空预压法。

1.2.1　*堆载预压法*

堆载预压法适用于软弱的正常固结或轻度超固结的粉土、黏土或有机质土等地基。

技术方法是在建造建筑物之前，在建筑场地上堆放土料或块石等预压荷载（地质条件适宜的也可采用降低地下水位的办法来加荷）以使地基加固，等固结已达到要求后，卸除预压荷载，修建建筑物。

#### 1.2.2 砂井法

砂井法是在地基中埋设排水砂井，使土中水既能在铅直向流动，也能沿水平辐射向流动，流入排水砂井流出，以达到加速预压地基的加固，缩短预压工期的目的。从前常在排水井钻孔后填入砂土而成砂井，近年来已用塑料芯板外包滤水纤维布制成，也有用细长的纤维布袋装砂埋入钻孔制成砂井，施工较方便。

#### 1.2.3 真空预压法

真空预压法利用大气压力作为预压荷载，如果条件允许也可在场地埋设井点系统来降低地下水位，一方面可加速排水，另一方面使土的自重增大，起到预压作用。该法是在土体中总应力保持不变的条件下，通过孔隙压力逐渐降低而使总应力逐渐转化为有效应力的方法。堆载预压法是增加总应力，同时使孔隙水压力增大，再逐步消散，从而使有效应力增加的方法，由于压差的作用而使孔隙水排出，从而土体加固，它们的加固效果是相同的。为了保证地基在较短预压时间内达到效果，一般采用真空预压和竖向排水体联合使用的方法。

### 1.3 灌浆法

灌浆法是利用气压、液压或电化学原理将能够固化的某些浆液注入地基介质中或建筑物与地基的缝隙部位。灌浆浆液可以是水泥浆、水泥砂浆、黏土水泥浆、黏土浆及各种化学浆材，如聚氨酯类、木质素类、硅酸盐类等。灌浆法对加固淤泥软土地基具有明显效果，见图10-9。

### 1.4 振密或挤密法

振密或挤密法的原理是采用一定的手段，通过振动、挤压使地基土体空隙比减小，强度提高，采用的方法有重锤夯实法、强夯法、振冲挤密法。

#### 1.4.1 重锤夯实法

重锤夯实法是利用重锤自由下落时的冲击能来夯实非饱和的表层填土及杂填土地基，使其表层形成一层较为均匀的硬壳层。施工时把重锤提升到一定高度，使锤脱钩自由落下，如此多次反复夯实地基，取得加固效果。重锤夯实的效果与锤重、锤底直径、落距、遍数，夯实土的种类及其含水量有关，合理选取以上参数才能取得较好的夯实效果。

#### 1.4.2 强夯法

强夯法用特别重的锤（常为80 ~ 300 kN）和高落距（常为8 ~ 20 m），对地基表面进行强夯。对于非饱和土，该法的作用基本与重锤夯实法相同，但效果要好的多，但对饱和土两者有本质的不同。强夯是用很大的冲击功，对地基土产生很大的冲击波及动应力，改变土的结构及应力状态，引起土层液化，然后使土变密，从而提高土的强度，降低其压缩性、渗透性，以及改善土的抗振动液性。强夯法对于加密饱和砂土的效果最为显著，而对于饱和软弱黏土则较差。强夯法的优点是效果显著，设备简单，施工方便，适用范围广且经济等。但缺点是施工时噪声大，振动的冲击能波及周围建筑物及夯击时地下水排出，使其受到一定限制。

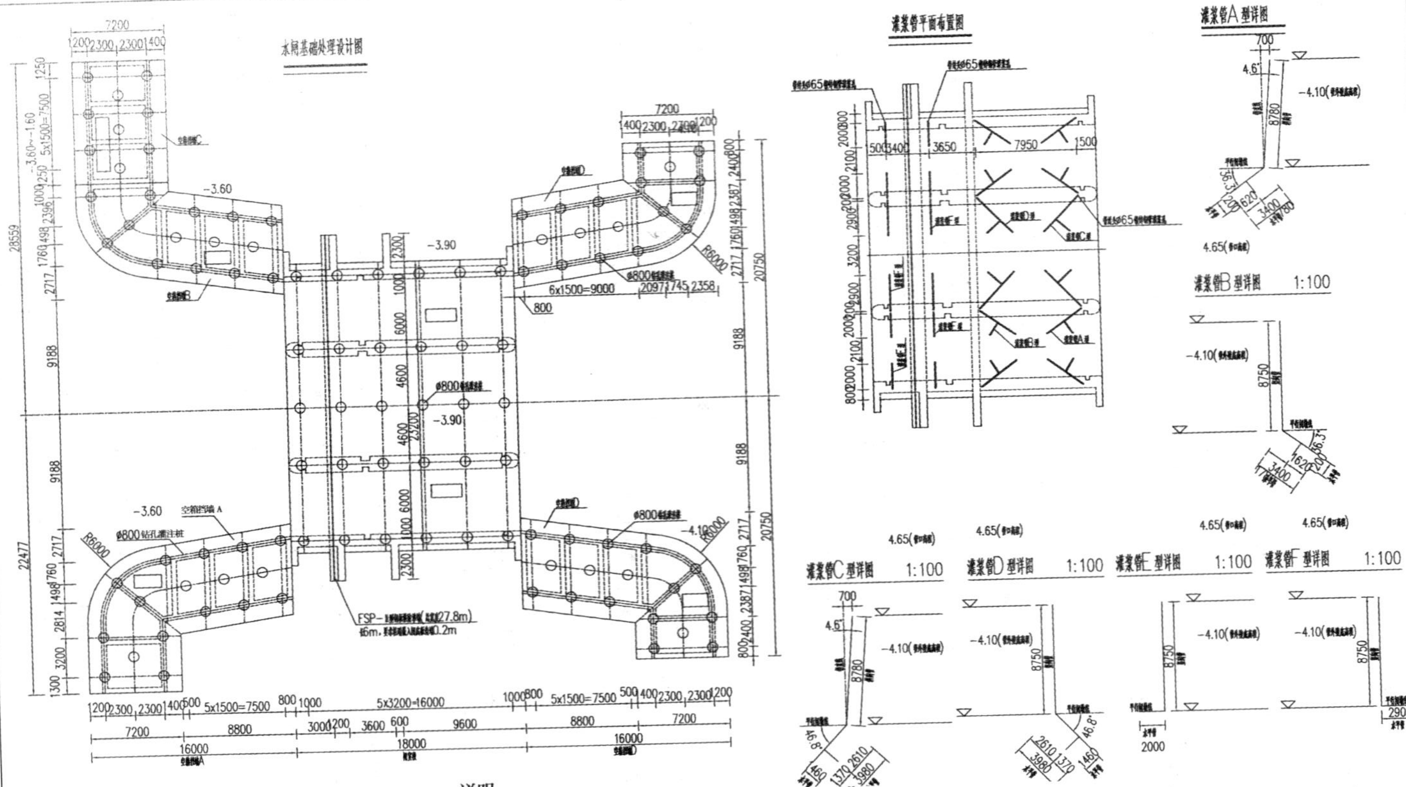


桩基承载力统计表

| [illegible] | [illegible] | [illegible] | [illegible](m) [illegible] | [illegible] | [illegible] (Kn) | [illegible] (Kn) | [illegible] |
| --- | --- | --- | --- | --- | --- | --- | --- |
| 1 | [illegible] | C25[illegible]ø800[illegible] | 40 | 30 | 1500 | 100 | [illegible]>2m |
| 2 | [illegible]A | C25[illegible]ø800[illegible] | 40 | 17 | 1200 | 90 | [illegible]>2m |
| 3 | [illegible]B | C25[illegible]ø800[illegible] | 40 | 14 | 1200 | 90 | [illegible]>2m |
| 4 | [illegible]C | C25[illegible]ø800[illegible] | 40 | 9 | 1200 | 90 | [illegible]>2m |
| 5 | [illegible]D | C25[illegible]ø800[illegible] | 40 | 34 | 1200 | 90 | [illegible]>2m |

说明：

1. 图中高程以 m 计（珠基），其余尺寸以 mm 计；
2. 闸室采用 ϕ800 钻孔灌注桩基础处理，两侧空箱挡墙采用 ϕ800 钻孔灌注桩基础处理，桩身混凝土强度等级均为 C25，均采用中粗砂层作为桩端持力层，要求桩底进入持力层深度不小于 2 m，桩顶凿桩头后伸入底板 50 mm；
3. 为延长闸室基地的渗径，在闸底板设钢板桩防渗墙，采用 FSP-Ⅱ型钢板桩（$B$=400，$h$=100，$t$=10.5，单根每延米重量 48 kg），钢板桩长 6 m；
4. 闸底板图示预留镀锌钢板灌浆孔，以备在工程运行后根据需要灌浆，灌浆孔管口应用封头缝口，管口底伸入底板底 200 mm，全闸共设灌浆孔 24 个，灌浆管总长 296.34 m；
5. 灌浆管出浆口外包 200 mm×200 mm×200 mm 碎石堆，外包碎石堆顶面平盖尺寸为 600 mm×600 mm 的土工布，防止浇筑时下漏液将钻孔堵塞；
6. 钻孔灌注桩施工前，需在闸室及各空箱挡墙桩基础范围内填筑 1 m 石粉垫层作为钻孔灌注桩施工平台，桩基完成后，需清理干净石粉平台后方可浇筑混凝土地板。

图 10-9

#### 1.4.3 振冲振密法

振冲振密法主要用于加固砂层。原理是一方面靠振冲器的强力振动使饱和砂层发生液化,砂颗粒重新排列,孔隙减少;另一方面依靠振冲器的水平振动力,使砂层进一步挤密。这种方法与前述振冲置换法不同,适用于砂土地基。

### 1.5 加筋法

加筋法是将抗拉能力很强的土工合成材料埋置于土层中,利用土颗粒位移与拉筋产生摩擦力,使土与加筋材料形成整体,减少整体变形和增强整体稳定。福建省福清过桥山围垦工程采用打设塑料排水板,以加速淤泥层排水固结,提高地基强度,又采用砂垫层中铺设土工织物,由于土工织物受拉作用,调整了基底应力分布,地基侧向位移和沉降却相应减少,地基稳定性就大大提高。

### 1.6 桩基法

桩基法常用于竖向荷载大而集中或受大面积地面荷载影响的结构以及沉降方面有较高要求的建筑物和精密设备的基础,桩基能有效地承受一定的水平荷载和上拔力。桩基按施工方法可分为预制桩和灌注桩两大类。

#### 1.6.1 预制桩

预制桩的特点是具有较强的承载力,投资省,质量有保证,施工速度快等。预制桩还具有抗水闸水压力产生水平荷载,达到水平稳定作用。

#### 1.6.2 灌注桩法

灌注桩法是将灌注桩打至硬土层做承载台,灌注桩有沉管灌注桩和冲钻孔灌注桩,但这两种方法灌注桩还存在一些技术难题,一是沉管灌注桩在深厚软土中存在桩身完整性问题;二是冲钻孔灌注桩存在泥浆污染问题,桩身混凝土灌注质量,桩底沉渣清理和持力层判断不易监控等问题。由于篇幅限制,仅对土基加固进行详细阐述。

## 2 土基加固

当地基土壤含水量高,施工操作不便时,为了保证地基的完整,便于施工操作,可先在地面浇筑厚5~10 cm的低强度等级混凝土(不计入基础的设计厚度内),也就是常说的封底混凝土。现在的要求是与设计底板同强度等级施工封底混凝土。水利工程在土基上切忌用抛垫块石或铺碎石作为加固的措施。

为了提高软土基础的承载力,在可能情况下尽量不破坏表面的硬土层或采用换土的方法。换用的土料宜采用弱透水性、含水量适中,便于夯实的坡积和洪积土(如砾黏壤土、黄土)。换上的土料要分层夯实,换土厚度应按设计规定,一般为1~2 m。

为了加快土壤固结,可采用打砂桩或生石灰桩,它不仅能加快土壤固结,同时通过挤压可提高基础土壤的密实度。桩孔内灌注黄砂称为砂桩,宜采用自然级配的粗砂、中砂,桩孔内灌注小料径和生石灰称为石灰桩。

打砂桩和石灰桩一般多采用直径20 cm左右的木桩或空心管,按0.5~1.0 m的间距打入土中1.5~2.0 m深,木桩拔出后马上填入黄砂或生石灰,待全部地基完成打桩和灌注任务后,重新清理和平整地基面层,使高程符合设计要求,再进行基础施工。

# 项目11 主体结构施工

## 任务1 概 述

### 1 水闸施工内容

一般水闸主体工程的施工内容有混凝土工程、砌石工程、回填土工程、闸门与启闭机安装等。

水闸混凝土工程的施工应以闸室为中心，按照“先深后浅、先重后轻、先高后低、先主后次”的原则进行。

水闸由上游段、闸室段、下游段三部分组成。一般大、中型水闸的主要部分（如闸室）多为混凝土及钢筋混凝土工程，其施工内容一般可分为以下几个部分：

(1)导流工程与基坑排水；

(2)基坑开挖与基础处理；

(3)闸室段的底板、闸墩、边墩、胸墙及交通桥，工作桥施工；

(4)上、下游连接段的铺盖，护坦、海漫、防冲槽的施工；

(5)两岸的上、下游翼墙，刺墙，上、下游护坡的施工；

(6)闸门及启闭设备的安装。

### 2 水闸混凝土浇筑顺序

混凝土浇筑是水闸施工中的主要环节，各部分的施工次序应遵守以下原则：

(1)先深后浅，即先浇深基础，后浇浅基础，以免浅基土体受扰动破坏，并减少排水工作难度。

(2)先重后轻，即先浇荷重较大的部分，待其完成部分沉陷后，再浇筑与其相邻的荷重较小的部分，以减少两者间的沉陷差。

(3)先高后低，即某些高度较大要分几次浇筑的部位或有上层建筑物的部位应先行浇筑。如底板与闸墩应尽量先安排浇筑，以便上部桥梁与启闭设备安装，而翼墙、消力池则可安排稍后施工。

(4)先主后次，即次要服从主要，所谓主次要，是指那些工程部位不论排前或排后对其他部位的进度和工程质量并无影响或影响甚微，则可认为是次要项目，应服从主要项目的进展穿插其间施工。

### 3 分缝分块

水闸常由结构缝（包括沉陷缝和温度缝）分成许多结构块。当结构块较大时，为了施工方便，又须用施工缝分为若干小块，称为筑块。筑块的大小是根据施工条件（混凝土的生产、运输能力以及浇筑的连续性确定的。

(1)筑块面积:以混凝土不产生冷缝为控制条件,则:

$$A \leqslant \frac{Qk}{h}(t_2 - t_1) \tag{11-1}$$

(2)筑块体积:以混凝土拌和站的实际生产能力为控制条件:

$$V \leqslant mQ \tag{11-2}$$

式中 $Q$——混凝土拌和站实用生产率,$m^3/h$;

$k$——混凝土运输延误系数,取 0.80 ~ 0.85 s;

$t_2$——混凝土初凝时间,h;

$t_1$——混凝土运输及浇筑占用时间,h;

$h$——混凝土铺料厚度,m;

$m$——非三班制作业时,连续生产的时间,h。

若模板架立高度受施工技术等条件限制,则也应作为一个条件考虑。

在满足以上各式的前提下,划分筑块的数目应尽可能少些,以减少施工缝,加快施工速度。

## 任务 2 模板及支撑工程

模板及支撑架施工前先根据施工图纸放样,基础工程采用组合钢模板及木模板相结合的方法。支撑采用打设木桩固定地龙木,地龙木上连接斜撑支撑模板。闸身侧墙侧模亦采用钢模板及木模板相结合的方法,使用对销螺栓及横竖围囹固定,对销螺栓位置为避免在钢模上钻孔增加钢模摊销,采取二等木材板条夹模立模,保证混凝土内实外光,闸身内支撑采用钢管网格支架支撑。

木模板在木工加工场内按施工放样图制作,用料为二等木材。加工后按图纸先行拼装检查其加工的精度,符合要求运至现场安装。组合钢模为定型模板,运至工地前在后方基地修整完好后运至现场安装,施工前人工清铲洁净,采用优质机油涂刷。

支撑脚手架针对建筑物特定部位尺寸及受力情况进行专门设计,以确保支撑牢固、经济合理。固定支撑采用网格支架,受力支撑采用网格支架和木支撑相结合。

混凝土浇筑完成后,达到规定拆模强度后方可考虑拆模,见表 11-1。

**表 11-1 混凝土规定拆模强度**

| 结构类型 | 结构跨度 | 按设计的混凝土强度标准值的百分率计(%) |
|---|---|---|
| 板 | ≤2 | 50 |
| | >2、≤8 | 75 |
| | >8 | 100 |
| 梁、拱、壳 | ≤8 | 75 |
| | >8 | 100 |
| 悬臂构件 | ≤2 | 75 |
| | >2 | 100 |

## 任务3 钢筋制作及安装

钢筋车运至工地钢筋加工场后分规格入库堆放。堆放基础采用块石砌筑地面撑梁，梁高出地面不少于30 cm。

每批到工地钢筋都要有出厂质保书。到工地后，根据技术规范规定的要求对钢筋的物理力学性能和焊接性能进行试验，试验应分批进行，以同一直径、同一截面的钢筋为一批，总量不大于60 t。试验合格后，将使用钢筋的试验成果和出厂质保书复印件呈报监理工程师批准后进行场内加工，不合格的钢材清理出场。

钢筋加工前，要进行钢筋图施工放样，报工程师批准后再安排加工生产，经调直、断配、对焊、切断、弯制成半成品，堆放待安装。

钢筋人工运至现场安装，采取人工绑扎，现场接长采用搭焊，搭接长度满足规范要求，受力钢筋搭接接头须错开，以保证同一截面钢筋接头数量不大于受力钢筋数量的50%。钢筋安装除特殊要求外，钢筋保护层采用预制浇筑同强度等级砂浆或混凝土垫块，面层钢筋采用预制混凝土顶撑，为使面层钢筋在浇筑过程中保持不变形，沿撑柱纵横向用型钢架立或铁丝起吊，待混凝土浇筑至面层振捣密实后，方可拆除型钢，竖向钢筋用埋设扎丝垫块扎牢固定，局部辅以铁钉固定于模板上。

## 任务4 止水、排水、伸缩缝和埋设件

止水设施的形式、尺寸、埋设位置和材料的品种规格应符合本工程施工图纸的规定。金属止水片应平整、干净、无砂眼和钉孔，止水片的衔接按其厚度分别采用折叠、咬接或搭接方式，其搭接长度不得小于20 mm，咬接和搭接部位必须双面焊接。塑料止水片或橡胶止水片的安装应防止变形和撕裂。安装好的止水片应加以固定和保护。伸缩缝混凝土表面应平整、洁净，当有蜂窝麻面时，按要求及时处理，同时外露的铁件应割除。排水设施的形式、尺寸、位置和材料应符合工程施工图纸规定和监理工程师的指示。混凝土内的预埋件要按图纸、规范要求以及监理工程师的批示进行施工。

## 任务5 混凝土施工工艺

### 1 混凝土配合比设计

根据设计混凝土强度要求，结合建筑物浇筑部位的具体情况，以满足抗压、抗渗、抗冻、抗裂并同时满足施工和易性要求进行混凝土浇筑的配合比设计，通过实验室配制经试压调整确定施工配合比。

(1)水灰比采用：水灰比确定原则是根据结构物在特定使用条件下混凝土强度和耐久性的要求，通过计算试验确定，按耐久性的要求，水灰比最大允许值不超过表11-2数据。

表11-2 水灰比最大允许值

| 混凝土使用部位 | 最大允许值 |
|---|---|
| 上、下游水位以上 | 0.55 |
| 上、下游水位变化区 | 0.5 |
| 上、下游最低水位以下 | 0.6 |
| 受水流冲刷区 | 0.55 |

(2)骨料的选择:为使混凝土有较好的和易性,以较少的用水量和水泥用量,而得到较高的强度,结合建筑物结构尺寸的具体情况,拟选用一级配碎石,细骨料选用良好级配的中粗砂。考虑施工现场场地较小,工程工期紧,所以整个工程的黄砂、碎石料源选用相对固定的料源。采取特定加工,以保证石子外表清洁,粒径规格满足施工要求。

(3)水泥:每30~40 t为一批次,进行水泥的各种物理性能试验合格后方可使用。

(4)配合比的计算及试配制:按规定的水灰比和施工要求坍落度及自身的混凝土生产历史统计资料生产水平,确定配制富余强度。采用绝对体积法分析,即根据选用骨料的放大粒径及施工坍落度确定用水量,再根据选用骨料粒径及水泥用量确定选用最佳砂率。

(5)按确定的水灰比及确定的最佳砂粒,拌制数组水泥用量不同的混凝土拌和物,测定其坍落度,并绘制坍落度与水泥用量关系的曲线,从曲线上查出与施工要求坍落度相对应的水泥,并计算出单位水泥用量,得出计算配合比,经实验室试拌调整得出经济合理配合比,连同抗压试验成果报工程师批准后组织混凝土生产。

## 2 混凝土拌和

本工程在施工现场拌和台拌制混凝土,拌和站设备须经监理工程师进行设备运行操作试验。生料配料严格按实验室配料单进行,混凝土拌和应符合相关规范的规定,拌和程序和时间通过试验确定,纯拌和时间不少于2.5 min。因混凝土拌机及配料不当,或因拌和时间过长而报废的混凝土应弃置在弃渣场。

## 3 混凝土运输

采用两辆1 t机动翻斗车运送至浇筑现场入仓,运输过程要迅速平稳,不应有分离、漏浆和严重泌水现象。混凝土垂直入仓落距不应大于1.5 m,以防止混凝土离析。

## 4 混凝土浇捣

任何部位混凝土浇筑前8 h,申请监理工程师对浇筑部位的准备工作进行检查。检查内容包括:地基处理,已浇筑混凝土面的清理以和模板、钢筋、插筋、止水、配料单、浇筑申请单等,检验合格签认后,方可进行混凝土浇筑。混凝土浇筑应采取分层分块和浇筑程序进行施工。不合格的混凝土严禁入仓,已入仓的不合格混凝土必须予以清除。混凝土浇筑时严禁在仓内加水，如发现混凝土和易性较差，应采取加强振捣等措施，以保证质量，混凝土浇筑间歇时间按试验确定或相关规范的规定执行，最优的方案是连续浇筑，一气呵成。超过允许间歇时间则应按工作缝处理。浇筑层厚根据搅拌、运输和浇筑能力、振捣器性能、数量及气温因素确定，在混凝土振捣完成后，用木抹抹光表面，在混凝土终凝前应多次人工铁抹抹光，以防混凝土水质收缩形成混凝土表面龟裂。

## 5 混凝土养护

本工程采用洒水养护，并在混凝土浇筑完毕后 12 ~ 18 h 内开始进行，养护期时间一般为 14 d。

## 6 混凝土面的修整

有模板混凝土浇筑的成型偏差不得超过表 11-3 规定的数据。

**表 11-3 有模板混凝土浇筑的成型偏差允许值**

| 顺序 | 项目 | 混凝土结构的部位(mm) | |
|---|---|---|---|
| | | 外露表面 | 隐蔽内面 |
| | 模板平整度 | | |
| 1 | 相邻两面板高差 | 3 | 5 |
| 2 | 局部不平(用 2 m 直尺检查) | 5 | 10 |
| 3 | 结构物边线与设计边线 | 10 | 15 |
| 4 | 结构物水平截面内部尺寸 | ±20 | |
| 5 | 承重模板标高 | ±5 | |
| 6 | 预留孔洞尺寸及位置 | 10 | |

混凝土表面蜂窝凹陷或其他损坏的混凝土缺陷应按监理工程师指示进行修补，直到监理工程师满意为止，并作好详细记录。修补前必须用钢丝刷或加压水冲刷清除部分，或凿去薄弱的混凝土表面，用水冲洗干净，采用比原混凝土强度等级高一级的砂浆、混凝土或其他填补缺陷处，并予抹平，整个部位应加强养护，确保修补材料牢固黏结，色泽一致，无明显痕迹。混凝土浇筑块成型后的偏差不得超过模板安装允许偏差的 50% ~100%，特殊部位应按施工图纸的规定。

各种无模板混凝土表面采用整平板修整、木模刀修整、钢制修整和帚处理等不同施工方法和工艺进行表面修整，并应达到规范规定的允许平整度偏差要求。为避免新浇混凝土出现表面干缩裂缝，应及时采取混凝土表面喷雾，或加盖聚乙烯薄膜，或其他方法，保持混凝土表面湿润和降低水分蒸发损失。喷雾时水分不应过量，要求雾滴直径达到 40 ~ 80 μm，以防止混凝土表面泛出水泥浆，保湿应连续进行。

## 任务 6 混凝土预制构件

混凝土预制构件所采用的砂石材料的采购、储存、拌和以及配合比，钢筋、模板和埋设件的制作与安装，均应与现浇混凝土的要求相同。制作预制混凝土构件的场地应平整坚实，设置必要的排水设施，保证制作构件不因混凝土浇筑和振捣引起沉陷变形。如有特殊要求，预制构件的制作应制作木质底模板，以确保预制混凝土的平整度和光洁度。

预制时要按图纸要求做好钢板、钢筋、吊耳及其他预埋件的安装工作。

预制混凝土达到规定的强度后，方可拆除模板，拆模时应满足下列要求：拆除侧面模板时，要保证构件不变形和棱角完整；拆除板、梁、柱等构件的底模时，如构件跨度小于或等于 4 m，其混凝土强度不应低于设计强度的 50%，如构件跨度大于 4 m，其混凝土强度不应低于设计强度的 75%；拆除空心板的心模时，混凝土的强度要能保证构件和孔洞表面不发生塌陷和裂缝，并避免较大的振动或碰伤孔壁。

预制构件的制作偏差为：其长度允许误差 ±10 mm，横断面允许误差 ±5 mm；局部不平允许误差 5 mm；不连续裂缝小于 0.1 mm，边角无损伤。

预制混凝土的表面修整方法与现浇混凝土拆模后的表面处理方法相同；预制混凝土的成形偏差应满足 GB50204 第 5.1.6 条的规定。经监理工程师检查合格的预制混凝土构件应标有合格标志，并应标有构件的编号、制作日期和安装标记。未标有合格标志或缺少标志的构件不得使用。

预制混凝土构件的强度达到设计强度标准值的 75% 以上，才可对构件进行装运，卸车时应注意轻放，防止碰损。堆放场地应平整坚实，构件堆放不得引起混凝土构件的损坏。堆垛高度应考虑构件强度、地面耐压力、垫木强度和垛体的稳定性。吊运构件时，其混凝土强度不应低于施工图纸对吊运的要求，吊点应按施工图纸的规定设置，起吊绳索与构件水平面的夹角不得小于 45°；起吊大型构件和薄壁构件时，应注意避免构件变形，防止发生裂缝和损坏，在起吊前应做临时加固措施。构件安装应按图纸及规范要求进行，安装前，应使用仪器校核支承结构的尺寸和高程，并在支承结构上标出中心线和标高。预制混凝土构件的安装位置，须经校正无误后，方可焊接接头部位的金属件，焊接应符合规范要求，对全部焊缝的焊接质量进行严格检查后，方可灌注接头混凝土，灌注接缝的混凝土或砂浆不得低于构件混凝土强度等级。尚未达到设计强度的预制构件，应在安装完成后继续养护，只有在构件达到设计强度后，才允许承受全部设计荷载。

水闸构件三维视图见图 11-1。

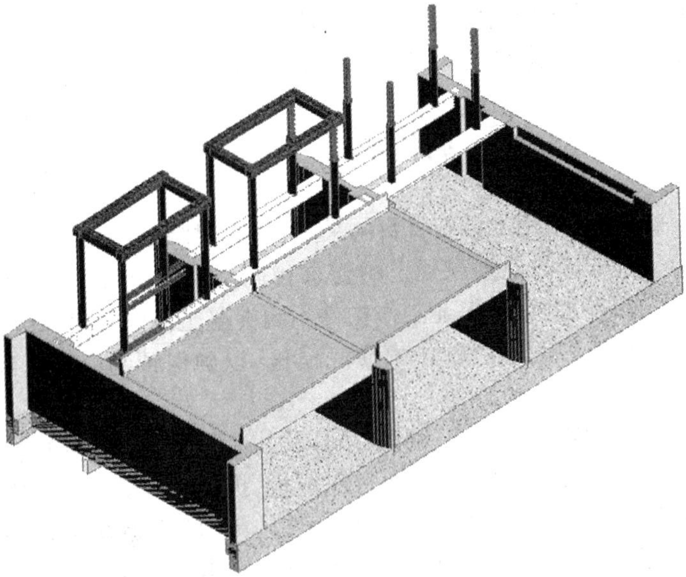

图 11-1 水闸构件三维视图

## 任务 7 底板施工

闸室地基处理后，对于软基应铺素混凝土垫层 8 ~ 10 cm，以保护地基，找平基面。垫层养护 7 d 后即在其上放出底板的样线。

首先进行扎筋和立模。距样线隔混凝土保护层厚度放置样筋，在样筋上分别画出分布筋和受力筋的位置并用粉笔标记，然后依次摆上设计要求的钢筋，检查无误后用扎丝扎好，最后垫上事先预制好的保护层垫块以控制保护层厚度。上层钢筋是通过绑扎好的下层钢筋上焊上三角架后固定的，齿墙部位弯曲钢筋是在下层钢筋绑扎好后焊在下层钢筋上的，在上层钢筋固定好后再焊在上层钢筋上。立模作业可与扎筋同时进行，底板模板一般采用组合钢模，模板上口应高出混凝土面 10 ~ 20 cm，模板固定应稳定可靠。模板立好后标出混凝土面的位置，便于浇筑时控制浇筑高程。

一般中小型水闸采用手推车或机动翻斗车等运输工具运送混凝土入仓，须在仓面设脚手架。

脚手架由预制混凝土撑柱、钢管、脚手板等构成。支柱断面一般为 15 cm × 15 cm，配 4 根直径 6 mm 架立筋，高度略低于底板厚度，其上预留三个孔，其中孔 1 内插短钢筋头和底层钢筋焊在一起，孔 2 内插短钢筋头和上层钢筋焊在一起增加稳定性，孔 3 内穿铁丝绑扎在其上的脚手钢管上。撑柱间的纵横间距应根据底板厚度、脚手架布置和钢筋架立等因素通过计算确定。撑柱的混凝土强度等级应与浇筑部位相同，在达到设计强度后使用；断裂、残缺者不得使用；柱表面应凿毛并冲洗干净。

底板仓面的面积较大，采用平层浇筑法易产生冷缝，一般采用斜层浇筑法，这时应控制混凝土坍落度在 4 cm 以下。为避免进料口的上层钢筋被砸变形，一般开始浇筑混凝土时，该处上层钢筋可暂不绑扎，待混凝土浇筑面将要到达上层钢筋位置时，再进行绑扎，以免因校正钢筋变形而延误浇筑时间。

为方便施工，一般穿插安排底板与消力池的混凝土浇筑。由于闸室部分重量大，沉陷量也大，而相邻的消力池重量较轻，沉陷量也小。如两者同时浇筑，较大的不均匀沉陷会将止水片撕裂，为此一般在消力池靠近底板处留一道施工缝，将消力池分成大、小两部分。当闸室已有足够沉陷后即浇筑消力池二期混凝土，在浇筑消力池二期混凝土前，施工缝应注意进行凿毛冲洗等处理。

## 任务 8　闸墩施工

水闸闸墩的特点是高度大、厚度薄、模板安装困难，工程面狭窄，施工不便，在门槽部位钢筋密、预埋件多、干扰大，当采用整浇底板时，两沉陷缝之间的闸墩应对称同时浇筑，以免产生不均匀沉陷。

立模时，先立闸墩一侧平面模扳，再按设计图纸安装绑扎钢筋，闸墩模板钢筋布置见图 11-2，然后立另一侧的模板，最后立前后的圆头模板。

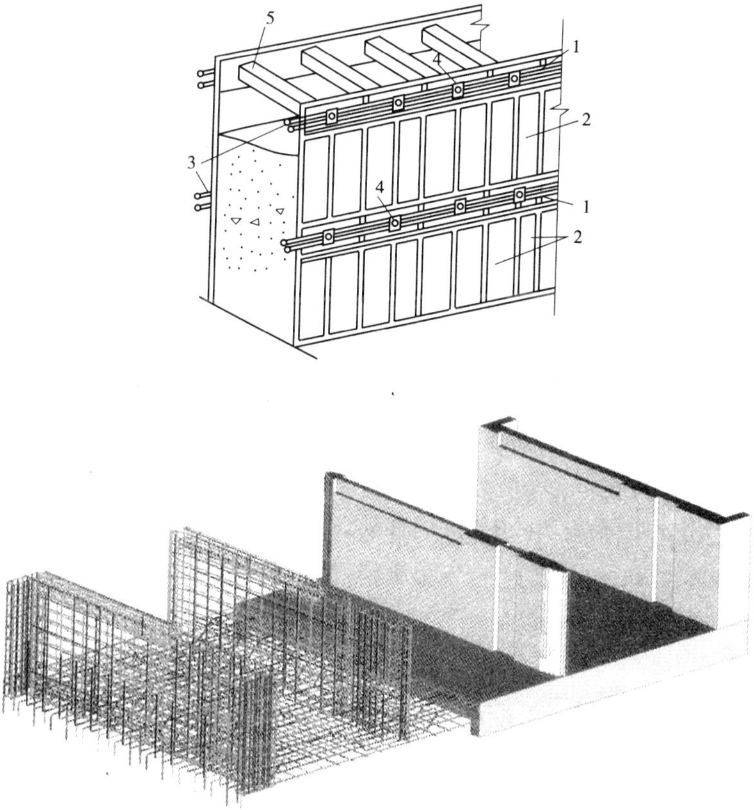


1—模板；2—定型钢模；3—双夹围囹（钢管）；4—对销螺栓；5—水泥撑木

图 11-2　闸墩模板钢筋布置

闸墩立模要求保证闸墩的厚度和垂直度。闸墩平面部分一般采用组合钢模，通过纵横围令、木枋和对拉螺栓固定，内撑竹管保证浇筑厚度，如图 11-3 所示。

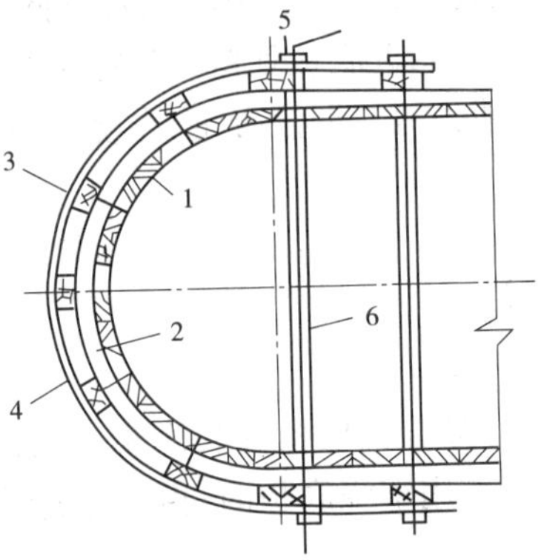


1—模板；2—板带；3—垂直围图；4—钢环；5—螺栓；6—撑管

**图 11-3　闸立模示意图**

对拉螺栓一般用直径 16 ~ 20 mm 的光面钢筋两头套丝制成，木枋断面尺寸为 15 cm × 15 cm，长度 2 m 左右，两头钻孔便于穿对拉螺栓。安装顺序是先用纵向横钢管围图固定好钢模后，调整模板垂直度，然后用斜撑加固保证横向稳定，最后自下而上加对拉螺栓和木枋加固。注意脚手钢管与模板围图或支撑钢管不能用扣件连接起来，以免脚手架的振动影响模板。

闸墩圆头模板的构造和架立。

闸墩模板立好后，即开始清仓工作。用水冲洗模板内侧和闸墩底面，冲洗污水由底层板上预留的孔眼流走。清仓后即将孔眼堵住，经隐蔽工程验收合格后即可浇筑混凝土。

为保证新浇混凝土与底板混凝土结合可靠，首先应浇 2 ~ 3 cm 厚的水泥砂浆。混凝土一般采用漏斗下挂溜筒下料，漏斗的容积应和运输工具的容积相匹配，避免在仓面二次转运，溜筒的间距为 2 ~ 3 m。一般划分成几个区段，每区内固定浇捣工人，不要往来走动，振动器可以二区合用一台，在相邻区内移动。混凝土入仓时，应注意平均分配给各区，使每层混凝土的厚度均匀、平衡上升，不单独浇高，以使整个浇筑面大致水平。每层混凝土的铺料厚度应控制在 30 cm 左右。

## 任务 9　接缝止水施工

一般中小型水闸接缝止水采用止水片或沥青井止水，缝内充填填料。止水片可用紫铜片、镀锌铁片或塑料止水带。紫铜止水片常用的形状有两种。其中，铜片厚度为 1.2 ~ 1.55 mm，鼻高 30 ~ 40 mm。U 形止水片下料宽度 500 mm，计算宽度 400 mm；V 形止水片下料宽度 460 mm，计算宽度 300 mm。

紫铜片使用前应进行退火处理，以增加其延伸率，便于加工和焊接。一般用柴火退火，空气自然冷却。退火后其延伸率可从 10% 提高至 41.7%。接头按规范要求用搭接或折叠咬接双面焊，搭焊长度大于 20 mm。止水片安装一般采用两次成型就位法，它可以提高立模、拆模速度，止水片伸缩段易对中。U 形鼻子内应填塞沥青膏或油浸麻绳。

沥青井一般用于垂直止水，见图 11-4。

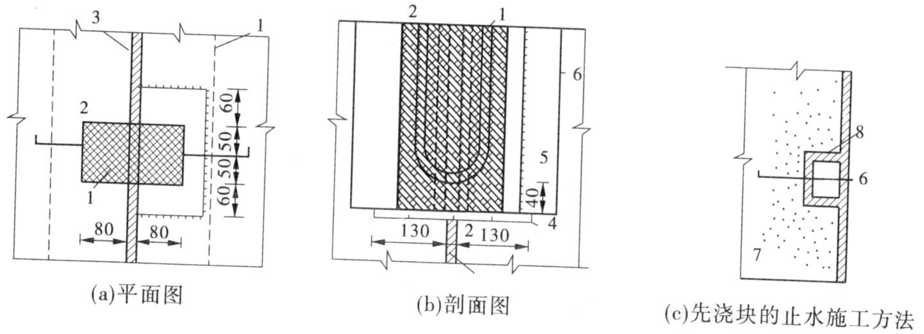

1—$\phi$25 蒸气管；2—沥青井；3—伸缩缝；4—水平塑料止水带；
5—凿毛顶制混凝土块；6—垂直止水铝片；7—岸墙；8—模板

**图 11-4 沥青井构造及施工示意图** （单位：mm）

沥青井缝内 2～3 mm 的空隙一般采用沥青油毡、沥青杉木板、沥青砂板及塑料泡沫板作填料填充。沥青砂板是将粗砂和小石炒热后浇入热沥青而成的，在一侧混凝土拆模后用钢钉或树脂胶将填料板材固定在其上，再浇另一侧混凝土即可。

## 任务 10 闸门槽施工

中小型水闸闸门槽施工可采用预埋一次成型法或先留槽后浇二期混凝土两种方法，如图 11-5、图 11-6 所示。一次成型法是将导轨事先钻孔，然后预埋在门槽模板的内侧。闸墩浇筑时，导轨即浇入混凝土中。二期混凝土法是在浇第一期混凝土时，在门槽位置留出一个较门槽宽的槽位，在槽内预埋一些开脚螺栓或锚筋，作为安装导轨时的固定点；待一期混凝土达到一定强度后，用螺栓或电焊将导轨位置固定，调整无误后，再用二期混凝土回填预留槽。

门槽及导轨必须铅直无误，所以在立模及浇筑过程中应随时用吊锤校正。门槽较高时，吊锤易于晃动，可在吊锤下部放一油桶，使垂球浸入黏度较大的机油中。闸门底槛设在闸底板上，在施工初期浇筑底板时，底槛往往不能及时加工供货，所以常在闸底板上留槽，以后浇二期混凝土。

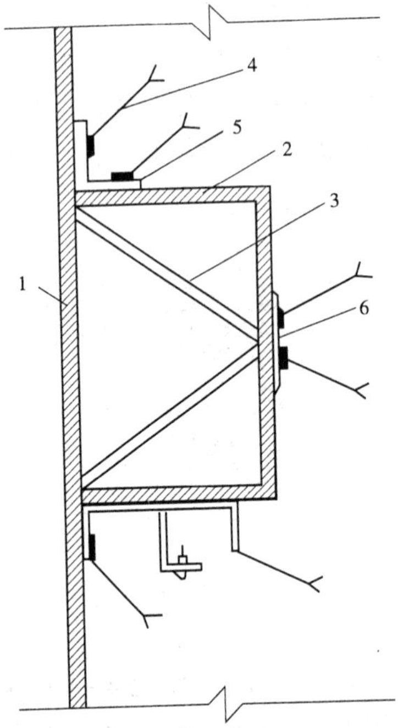


1—闸墩模板;2—门槽模板;3—撑头;4—开脚螺栓;5—门槽角铁;6—侧导轨

**图 11-5　直接预埋、一次浇筑混凝土示意图**

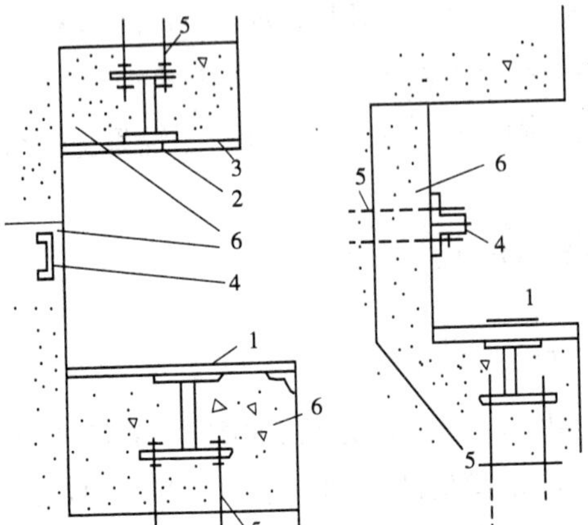


(a)平面滚轮闸门的门槽　(b)平面滑动闸门的门槽

1—主轮(滑轮)导轨;2—反轨导轨;3—侧水封座;4—侧导轮;5—预埋基脚螺栓;6—二期混凝土

**图 11-6　门槽二期混凝土示意图**

# 参 考 文 献

［1］索丽生，刘宁．水工设计手册［M］．2 版．北京：中国水利水电出版社，2011.
［2］田明武．水利水电工程建筑物［M］．北京：中国水利水电出版社，2012.
［3］李桢．水利水电工程施工［M］．郑州：黄河水利出版社，2014.
［4］宋春发，费成效．水闸设计与施工［M］．北京：中国水利水电出版社，2010.
［5］水利部建设与管理司．水闸工程通用法规标准选编（上、下册）［M］．北京：中国水利水电出版社，2009.
［6］中华人民共和国水利部．SL 265—2001 水闸设计规范［S］．北京：中国水利水电出版社，2001.
［7］中华人民共和国水利部．SL 252—2000 水利水电工程等级划分及洪水标准［S］．北京：中国水利水电出版社，2000.
［8］和桂玲，贾乃波．水闸除险加固工程设计［M］．北京：中国水利水电出版社，2008.
［9］洪晓林，柯敏勇．水闸安全检测与评估分析［M］．北京：中国水利水电出版社，2007.
［10］水利部水利水电规划设计总院．水闸设计规范（SL 265—2001）实施指南［M］．北京：中国水利水电出版社，2004.
［11］中华人民共和国水利部．SL 27—91　水闸施工规范［S］．北京：中国水利水电出版社，2000.